NOTICE

DE

PAR DES FABRICANTS

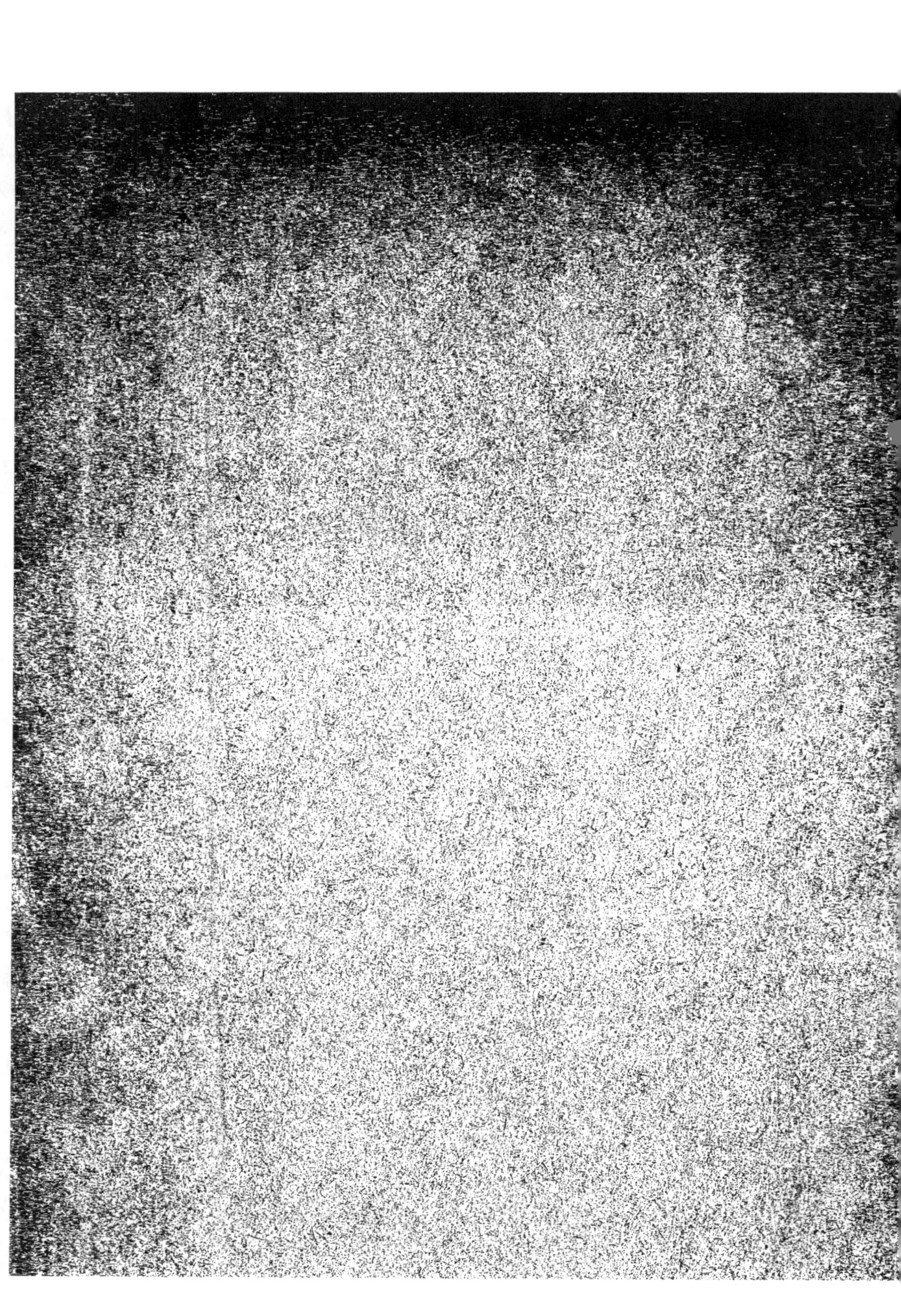

NOTICE

L'ÉCOLE IMPÉRIALE CENTRALE

DES ARTS ET MANUFACTURES.

NOTICE

SUR

L'ÉCOLE IMPÉRIALE CENTRALE

DES ARTS ET MANUFACTURES[1].

BUT DE L'ÉCOLE.

L'École centrale des arts et manufactures, fondée en 1829 par trois savants, jeunes alors, MM. Dumas, Péclet et Ollivier, et par M. Lavallée, qui s'était associé avec ardeur à leur pensée[2], n'est pas encore appréciée à sa juste valeur. Elle joue sans bruit un rôle très-important dans notre système d'enseignement, rôle encore méconnu d'un grand nombre. Elle a rendu sans ostentation des services signalés et est appelée à en rendre de plus signalés encore. C'est ce que nous allons essayer de démontrer.

En 1829, l'industrie, grâce à plusieurs années d'une paix profonde, commençait à prendre en France de grands développements; mais pour lutter contre la concurrence étrangère, devenue chaque jour plus redoutable, il ne

[1] Une partie de cette Notice a été empruntée aux prospectus de l'École centrale et, en particulier, au résultat du travail des fondateurs pendant l'année qui a précédé l'ouverture de l'école et où les principes de cette création sont posés et tous les détails d'exécution prévus.

[2] Il est juste de dire que M. Benoît a partagé, avec les hommes que nous avons cités, l'honneur de la conception, mais il n'a pris aucune part à sa mise en œuvre.

Après les fondateurs de l'École centrale il faut nommer aussi les professeurs qui, depuis

1.

lui suffisait pas de posséder des ouvriers habiles, des contre-maîtres intelligents, il lui fallait aussi des ingénieurs instruits. Les fabricants éprouvaient d'ailleurs le besoin d'acquérir eux-mêmes ou du moins de faire acquérir à leurs enfants

son origine ou peu de temps après, jusqu'au moment de leur décès ou jusqu'à ce jour, lui ont prêté leur concours, ce sont :

MM. Mary, inspecteur général des ponts et chaussées, professeur du cours de construction;
Bellanger, ingénieur en chef, professeur du cours de mécanique appliquée;
Ferry, ingénieur civil : organes des machines et métallurgie;
Payen, membre de l'Institut, professeur du cours de chimie appliquée;
Peligot, *idem,* professeur du cours de chimie analytique;
Perdonnet, directeur actuel : exploitation des mines, chemins de fer;
Feu Valter Saint-Ange, ancien officier d'artillerie, professeur du cours de métallurgie.

Il faut citer encore :

MM. Martelet, examinateur de 1836 à 1841, professeur à partir de 1841;
Thomas, qui, professeur dès 1836 du cours de machines à vapeur, a succédé à Péclet dans la chaire de physique appliquée;
Burat (Amédée), qui a succédé à M. Perdonnet dans la chaire d'exploitation des mines, minéralogie et géologie, en 1841;
Cahours, qui depuis dix-neuf ans fait le cours de chimie générale;
Callon, qui a succédé à M. Ferry dans la chaire de mécanique appliquée en 1852;
Feu Doyère, professeur du cours d'hygiène pendant seize années;
Feu Faure, qui a fait le premier cours de cinématique;
Feu Masson, qui, pendant vingt années, jusqu'au jour de son décès, a fait le cours de physique en première année;
MM. Sonnet, qui, examinateur de 1838 à 1853, enseigne depuis lors la mécanique générale;
Empaytaz, qui a dirigé les études pendant dix-neuf années;
Cauvet, qui lui a succédé en 1858;
Cardet, ancien chef d'escadron d'artillerie, sous-directeur de l'école depuis 1857.

Un certain nombre d'hommes distingués n'ont professé à l'école qu'un petit nombre d'années, mais y ont laissé des traces éclatantes, tels : MM. Colladon, Parent-Duchatelet; Becquerel, Ad. Brongniart, Coriolis, Fremy, Liouville, Milne-Edwards, Pelouze et Regnault, ces huit derniers, membres de l'Institut.

M. Bardin a dirigé les études, de 1839 à 1841; M. Daniel a succédé à M. Masson; M. Baillon à M. Doyère; MM. Philipps et Manlion succèdent cette année à MM. Bellanger et Perdonnet; M. Muller à M. Mary, pour l'architecture seulement.

Un conseil de perfectionnement, dont la durée n'a été qu'éphémère, mais qui a porté un grand appui aux fondateurs de l'école centrale par l'autorité des noms de ceux qui en faisaient partie, était composé de MM. Arago, Berthier, Alex. Brongniart, d'Arcet, Héricart de Thury, Huon de Villefosse, Jomard, Lafitte, Molard, Odier, Payen, Casimir Perrier, Poisson, Ternaux, Chaptal et Thénard.

Enfin, nous nous rendrions coupables d'ingratitude si nous ne rappellions le nom du ministre éclairé qui a prêté un concours si bienveillant aux fondateurs de l'école, M. de Vatimesnil.

des connaissances théoriques sans lesquelles ils étaient incapables, non-seulement de diriger eux-mêmes leurs établissements, mais encore de contrôler les hommes qu'ils plaçaient à la tête, aucune école n'existant alors où l'on pût acquérir la science industrielle.

La Sorbonne, le Conservatoire des arts et métiers, les écoles de Châlons et d'Angers, créations d'une très-grande utilité, sans doute, ne l'enseignaient qu'incomplétement. Ils n'offraient pas cette éducation sévère et profonde qui est nécessaire aux directeurs d'usines, indispensable aux ingénieurs civils.

A la Sorbonne, au Conservatoire, les leçons sont purement orales; et il est incontestable que de pareilles leçons ne suffisent pas pour former des ingénieurs. Elles ne peuvent atteindre ce but qu'autant qu'elles sont accompagnées de fréquents examens, de nombreuses expériences et manipulations, de travaux graphiques, de conférences sur les matières traitées dans les cours, de projets variés, de solutions de problèmes exécutées par les élèves sous les yeux des professeurs. Ces diverses moyens d'enseignement doivent être combinés entre eux pour obtenir le plus grand effet possible.

Que l'on compare la Sorbonne à l'École polytechnique : tous les cours de cette dernière école se trouvent à la faculté des sciences, et, presque toujours, ils y sont faits par les mêmes professeurs. Toutefois, les résultats de ces deux enseignements sont bien différents. Ce qui manque à la faculté des sciences, ce sont ces examens fréquents, ces travaux réguliers et coordonnés auxquels tous les élèves sont assujettis à l'École polytechnique. Réduite à ses cours, l'École polytecnique perdrait bientôt le privilége qu'elle possède de fournir à la France des hommes capables de lui rendre les plus grands services.

Entre le Conservatoire des arts et métiers, qui est une véritable Sorbonne industrielle, et l'École centrale, on peut établir la même comparaison qu'entre la faculté des sciences et l'École polytechnique.

Les écoles d'arts et métiers peuplent nos ateliers d'ouvriers qui, en peu de temps, deviennent d'excellents contre-maîtres; mais les études théoriques y sont insuffisantes pour former de véritables ingénieurs. Quelques hommes remarquables sont, à la vérité, sortis de ces écoles, mais ils étaient du nombre de ceux qui se forment en quelque endroit qu'ils se trouvent, et qui surgissent tout aussi bien de la poussière ou de la fumée d'un atelier que des bancs d'une salle d'étude.

L'École centrale ne peut donc être comparée, pour les services qu'elle rend, ni à la Sorbonne, ni au Conservatoire des arts et métiers, ni aux autres écoles professionnelles. Reste à savoir si elle ne fait pas double emploi avec l'École polytechnique, sa sœur aînée; c'est ce que nous allons examiner.

L'École polytechnique fondée, dans un moment où les révolutions politiques avaient porté une atteinte funeste aux études scientifiques, pour leur donner une vie nouvelle, pour imprimer une direction commune aux travaux des savants, pour concentrer en un point des efforts jusqu'alors divisés, pour fournir enfin à nos corps d'ingénieurs civils et militaires des sujets instruits qui leur faisaient défaut; l'École polytechnique a rempli noblement sa mission.

Les écoles des mines et des ponts et chaussées complètent avec succès l'œuvre de l'École polytechnique.

Mais la durée des études à l'École polytechnique, qui, jointe à celle des études préparatoires et complémentaires, est de sept années, en éloigne les candidats pressés de se livrer aux applications. La sévérité des épreuves à l'entrée suffirait d'ailleurs pour restreindre considérablement la liste des admissibles. Aussi cette école ne reçoit-elle chaque année qu'un nombre très-limité d'élèves choisis.

Elle ferme ses portes à plusieurs centaines de jeunes gens dont l'esprit, peu disposé aux abstractions mathématiques, n'en est pas moins capable d'étudier les sciences appliquées. Plus de moitié de ses élèves se consacrent aux services militaires, et dans l'autre moitié, une partie abandonne bientôt les services civils pour suivre la voie scientifique. L'École polytechnique est, par conséquent, bien loin de pouvoir suffire aux besoins toujours croissants de l'industrie.

Il est enfin fort à craindre que les élèves de l'École polytechnique, restant libres de choisir entre les emplois que leur offre l'industrie privée et ceux que leur réserve le Gouvernement, les plus capables ne donnent la préférence à l'industrie, qui leur assure des positions, si ce n'est plus honorables, du moins beaucoup plus largement rétribuées, ce qui porterait un grave préjudice au service de l'État. Le Gouvernement paraît le redouter, puisqu'il a déjà interdit à ses ingénieurs le service des compagnies autres que celles de chemins de fer.

L'École centrale est donc venue remplir une lacune évidente dans notre système d'instruction. C'est dans cette école que doivent se former nos grands industriels, les directeurs de nos grandes fabriques, tandis que l'École polytechnique a plus particulièrement pour mission d'alimenter de sujets capables les corps spéciaux.

Le succès qu'elle a obtenu dès son origine, et qui grandit chaque jour, prouve assez son immense utilité.

Malgré le prix élevé de son enseignement, et bien qu'elle n'assure pas à ses élèves, comme l'École polytechnique, une position certaine au terme de leurs études, elle a vu, en présence des autres écoles où l'instruction est gratuite, le nombre des can-

didats à l'admission s'accroître chaque année, et aujourd'hui elle se trouve forcée de refuser l'entrée à la moitié au moins de ceux qui se présentent.

Les traités de commerce ont rendu plus que jamais l'enseignement industriel nécessaire. *Si l'École centrale n'existait pas, il aurait fallu,* nous disait M. Michel Chevalier, *la créer, comme complément nécessaire de ces traités.*

Du reste, il est de tradition à l'école que sa fondation a été conçue en vue de préparer, par une éducation forte, les industriels français à passer sans secousse du régime de la protection large à celui d'une protection restreinte.

Dans toutes les branches d'industrie, les élèves de l'École centrale ont pris rang honorablement. Ils ont figuré en première ligne parmi les créateurs de la grande industrie des chemins de fer, et plusieurs d'entre eux, malgré la concurrence redoutable des ingénieurs de l'État, occupent encore dans les grandes compagnies des positions considérables. A Paris, les ingénieurs en chef du matériel et de la traction de quatre grandes compagnies, celles du Nord, d'Orléans, de l'Est et de l'Ouest, appartiennent à l'École centrale. Dans l'industrie minérale et métallurgique, dans celles du gaz, des filatures, de la teinturerie, des glaces, des papeteries, dans les arts agricoles, dans toutes les industries mécaniques ou chimiques enfin, on trouve, à la tête de grands établissements, des élèves de l'École centrale qui, presque tous, ont attaché leurs noms à d'importants perfectionnements des procédés qu'ils étaient chargés de pratiquer ou de perfectionner.

C'est ce que prouvent les chiffres suivants :

2,051 anciens élèves ayant obtenu, à leur sortie de l'école, le diplôme d'ingénieur ou le certificat [1] de capacité, nous n'avons pu obtenir de renseignements précis que sur 1,394. Il résulte de ces renseignements que 247 sont décédés, et que les 1,147 survivants sont répartis dans différentes carrières de la manière suivante :

> *Chemins de fer.* — Directeurs et ingénieurs en chef, traitements annuels de 20,000 à 70,000 francs...... 28
>
> Ingénieurs principaux, traitements annuels de 10,000 à 20,000 francs........................ 79
>
> Ingénieurs ordinaires, traitements annuels de 5,000 à 10,000 francs........................ 56
>
> Employés sur les chemins de fer à divers titres...... 157
>
>   320

A reporter......... 320

[1] Le diplôme est accordé aux élèves qui satisfont à toutes les épreuves du concours, les certificats à ceux qui ne satisfont qu'à une partie de ces épreuves.

Une partie du personnel attaché à la construction ou à l'exploitation d'un des premiers chemins de fer établis en France, le chemin de fer de Versailles, était composé d'anciens élèves de l'École centrale. De ce nombre étaient MM. Petiet, Polonceau, Félix Mathias et Bricogne, qui ont plus tard obtenu des grades élevés dans les compagnies de chemins de fer.

La plupart des élèves désignés comme filateurs sont fabricants ou fils de fabricants associés à la maison ou directeurs.

Tels sont : MM. Gros frères de Wesserling; Dollfus, Burnat allié Dollfus et Kœchlin, de Mulhouse; Hartmann frères, de Munster : Gast, de Issenheim; Seillières, de Senones; Rondeaux, de Bolbec; Noblot frères, de Héricourt, Schlumberger de Guebwiller, etc.

Parmi les agriculteurs nous comptons : MM. Dailly, Darblay, de Lichtenstein, Rhoné allié Péreire, Bouchotte, Hourier, Marès, etc.

Plusieurs de nos anciens élèves ont occupé à l'étranger, comme fonctionnaires publics, des emplois très-élevés. Tels : M. Norbert Metz, qui a été ministre des travaux publics dans le grand-duché de Luxembourg; M. Bertrand de Lis, qui a été ministre des finances en Espagne; M. Vasquez, sénateur dans le même pays; M. Montecino, qui a été directeur général des ponts et chaussées, aussi en Espagne; M. Darnaud, qui a été et est encore général, directeur des travaux publics en Égypte.

Le traitement des anciens élèves directeurs de fabriques de glaces est, à Requignier, de 12,000 francs; Stolberg, 15,000; Montluçon, 10,000; Saint-Gobain, 60,000. Le traitement d'anciens élèves directeurs de cristalleries est, à Saint-Louis, de 30,000 francs; à Baccarat, de 25,000; à Clichy-la-Garenne, de 25,000.

Parmi les fabricants de papiers, on peut citer les chefs de nos plus grandes fabriques, MM. Dambricourt, Laligant, Montgolfier, Zuber.

Le nombre des croix et médailles que les anciens élèves de l'École centrale ont obtenues à la suite des grandes expositions internationales est encore un de ces faits qui, mieux que le raisonnement, démontrent leur mérite.

En 1851, l'École centrale était encore trop près de l'époque à laquelle elle a été fondée pour que ses anciens élèves eussent eu le temps de prendre rang dans l'industrie. La commission anglaise ayant d'ailleurs refusé des récompenses aux collaborateurs, plusieurs de ceux-ci, anciens élèves de l'École centrale, n'ont pu être cités personnellement, alors même que les établissements qu'ils dirigeaient étaient récompensés.

Toutefois ils ont reçu :

3 *council medal* et 17 *prize medal.*

En 1855, l'exposition ayant eu lieu à Paris, ils ont obtenu :

10 nominations dans l'ordre impérial de la Légion d'honneur,

10 grandes médailles d'honneur,

17 médailles d'honneur,

50 médailles de première classe,

21 médailles de seconde classe,

14 mentions honorables.

En 1862, le nombre des exposants français à Londres étant relativement très-faible, ils n'ont obtenu que :

3 nominations dans l'ordre impérial de la Légion d'honneur, dont 1 d'officier, et 41 médailles.

Dans les concours agricoles de 1856 et 1860 ont été décernées, à d'anciens élèves de l'École centrale :

2 grandes médailles d'or,

3 médailles d'or,

2 médailles d'argent,

4 premiers prix ,

6 prix de 2ᵉ, 3ᵉ et 4ᵉ classe.

Nombre total d'anciens élèves décorés.

Le nombre total des élèves qui ont obtenu la décoration de la Légion d'honneur, soit à la suite des grandes expositions, soit dans d'autres circonstances, est de cinquante-six, dont cinquante-deux sont chevaliers et quatre officiers.

ORGANISATION DE L'ENSEIGNEMENT.

Principe de l'enseignement à l'École centrale ; le même qu'à l'École polytechnique.

Dans l'organisation de l'École centrale on a pris pour modèle l'ancienne École polytechnique (école centrale des travaux publics), en adoptant toutefois les modifications commandées par la nature du but que l'on se proposait d'atteindre. Ainsi, l'on a écarté de l'enseignement tout ce qui concerne les théories mathématiques trop élevées, l'expérience ayant démontré que ces théories sont rarement utiles dans les applications.

A l'École centrale comme à l'École polytechnique, les élèves sont obligés, quelle que soit la carrière à laquelle ils se destinent, de suivre tous les cours et de passer des examens sérieux sur toutes les matières que l'on y traite. Les jeunes gens, portant ainsi rapidement leur attention d'un sujet sur un autre, se livrent à une gymnastique intellectuelle qui développe leur intelligence de telle façon qu'ils deviennent propres à parcourir les carrières les plus variées. Aussi n'est-il pas rare de voir des jeunes ingénieurs, sortis de cette école, s'écarter avec succès de la voie qu'ils s'étaient primitivement tracée.

A l'École polytechnique, cette généralité d'instruction ne s'applique qu'aux études théoriques, puisque les élèves, à la sortie, se divisent entre les différentes écoles spéciales qui en sont les annexes. A l'École centrale, l'enseignement n'est purement théorique qu'en première année. En seconde et troisième année, il est en même temps théorique et pratique.

Unité de la science industrielle.

Les fondateurs de l'École centrale l'ont dit avec raison dans leur premier prospectus : « Tous les cours de l'école ne forment réellement qu'un seul et même cours ; la science industrielle est une ; tout industriel doit la connaître en son entier, sous peine d'être inférieur au concurrent qui se présente mieux armé que lui dans la lice. Des arts en apparence les plus éloignés ont des opérations analogues à exécuter, et emploient souvent des méthodes fort différentes. L'éducation générale de l'École centrale apprend à transporter dans chaque industrie les méthodes perfectionnées que les autres possèdent. Elle tend par conséquent à introduire dans les usines une perfection dans les détails des procédés ou des mécanismes qui assure la bonne marche de l'ensemble et le succès des opérations. »

Cette pensée était grande et féconde ; elle a fructifié.

Les études de l'École centrale et celles de l'École polytechnique exigent des aptitudes différentes. Si une partie des élèves de l'École centrale ont reculé devant des épreuves difficiles qu'exige l'École polytechnique, nous croyons pouvoir affirmer qu'il en est parmi les élèves admis à l'École polytechnique qui n'auraient pas réussi à l'École centrale. Les élèves qui, après s'être préparés pour l'École polytechnique, entrent à l'École centrale, y sont ordinairement supérieurs à leurs camarades en première année, mais leur cèdent souvent le pas en seconde et troisième année. Aussi les institutions qui préparent des élèves pour les écoles scientifiques ou industrielles, ont-elles senti la nécessité de créer un mode de préparation spécial pour l'École centrale [1]. Aussi le conseil de l'École centrale qui, dans l'origine, admettait en seconde année des élèves qui subissaient des examens satisfaisants sur les matières enseignées en première année, exige-t-il aujourd'hui que tous fassent leurs études complètes dans l'intérieur de l'école. L'expérience a effectivement appris qu'il est difficile que l'instruction acquise hors de l'école soit en harmonie avec l'enseignement donné aux divisions supérieures, enseignement basé sur celui tout à fait spécial donné aux élèves de première année.

Les études de l'École centrale se résument de la manière suivante :

En première année, les élèves suivent des cours de géométrie descriptive avec des applications, analyse comprenant des notions de calcul différentiel et de calcul intégral ; cinématique ; mécanique générale, physique générale, chimie générale, construction des machines et hygiène.

En deuxième et troisième année, des cours de mécanique appliquée, construction et établissement des machines ; chimie analytique, chimie industrielle et agricole ; constructions (constructions civiles et travaux publics) de chemins de fer, physique appliquée et machines à vapeur ; métallurgie, minéralogie, géologie et exploitation des mines.

Le cours de construction des machines, qui est fort étendu, ainsi que celui de physique appliquée et machines à vapeur, le cours de chimie appliquée, sont de véritables créations de l'École centrale. L'enseignement de la mécanique

---

[1] En 1864, sur quatre cents candidats environ qui ont concouru pour l'admission à l'École centrale, cinquante seulement s'étaient préparés pour l'École polytechnique.

s'y fait aussi d'après un plan nouveau, dans un esprit essentiellement pratique.

Programmes des cours.

Pour se faire du reste une juste idée de l'enseignement de l'École centrale, il faut étudier les programmes de cet enseignement, tels qu'ils viennent d'être adoptés par le conseil de l'école, éclairé par une longue expérience. Ces programmes sont joints au rapport de la commission. (Les programmes font partie des annexes.) On reconnaîtra, nous l'espérons, à leur lecture, que s'ils n'ont pas encore atteint les dernières limites de la perfection, ils n'en présentent pas moins un ensemble bien coordonné des connaissances utiles à tous ceux qui veulent embrasser la carrière industrielle.

Réforme
dans l'enseignement.

Une réforme importante se prépare, avec l'assentiment de M. le Ministre des travaux publics, dans l'organisation générale de cet enseignement, cette réforme aura nécessairement pour conséquence quelques modifications dans les programmes de chaque cours.

Voici du reste en quoi elle consisterait.

Depuis l'origine de l'École centrale, la plupart des cours qui s'adressaient aux élèves de deuxième et troisième année durant deux ans, étaient faits par un seul et même professeur aux élèves des deux divisions réunies. Le cours était divisé en deux sections, composées chacune d'un nombre de leçons à peu près égal, et les élèves de deuxième année commençaient alternativement par l'une ou par l'autre section. Cette manière d'opérer avait l'avantage de l'économie, mais présentait d'un autre côté des inconvénients graves. Ainsi : 1° Les élèves n'étaient pas tous également bien préparés aux leçons qui leur étaient données. Les élèves de troisième année l'étaient mieux que ceux de seconde. 2° Les idées n'étaient pas toujours présentées dans l'ordre logique; le cours de métallurgie du fer, par exemple, commencé une année par la théorie des hauts-fourneaux, l'était l'année suivante par celle des forges. 3° Le nombre des examens imposé en fin de cours aux professeurs, ainsi que celui des projets à corriger, devenait excessif. 4° Le nombre des élèves des deux divisions réunies se trouvait limité par celui des places disponibles dans les plus grands amphithéâtres de l'école, qui n'était que de trois cents, etc. etc.

Les cours à l'avenir, d'après la nouvelle organisation proposée à S. Exc. M. le ministre des travaux publics, et adoptée par lui, sauf adoption du budget par le Conseil d'État et le Corps législatif, seraient dédoublés, et ils seraient faits à chaque division par des professeurs différents. Les frais du personnel seraient sensiblement augmentés; mais il en résulterait une amélioration réelle dans l'enseignement et la possibilité d'admettre un plus grand nombre d'élèves à l'école.

L'enseignement oral à l'École centrale est heureusement complété par les nombreuses études de projet imposées aux élèves, par les exercices de laboratoire, par les visites d'ateliers, par les courses minéralogiques et géologiques, et surtout par les fréquents examens strictement obligatoires, non-seulement à la fin de chaque année d'études, mais encore pendant la durée des cours et à la fin de chaque cours.

Les élèves, dans la confection des projets et dans les manipulations chimiques, font une première application des notions qui leur ont été données dans chaque cours. Ils se préparent aux opérations plus sérieuses de la pratique.

Les examens, qui sont nombreux, puisque les élèves doivent en passer un au moins par semaine, ont cet excellent effet de les tenir constamment *en haleine.*

Dès que les notes d'examen faiblissent, le directeur des études rappelle l'élève au travail et le fait comparaître au besoin devant le conseil *d'ordre* composé du directeur de l'école, du sous-directeur, du directeur des études et d'un professeur, membre du conseil de l'école. L'élève est également cité devant le conseil d'ordre s'il a commis des infractions à la discipline, telles que bruit dans la salle ou aux amphithéâtres, refus d'obéissance aux inspecteurs, etc. ou s'il a fait de fréquentes absences non justifiées. L'élève qui ne tient pas compte des conseils paternels qui lui sont donnés par le conseil d'ordre, est appelé au conseil de l'école, où il est plus ou moins sévèrement réprimandé. L'élève reconnu trop faible pour profiter de l'enseignement est invité à se retirer, et s'il s'y refuse, il est rayé des cadres, après autorisation du Ministre. L'élève qui trouble l'ordre encourt la peine de l'exclusion.

Chaque élève a pour ainsi dire son compte courant dans un grand livre, dont nous avons reproduit le modèle pages 510 et 511.

Un extrait de ce livre est envoyé aux familles, non d'office, ce qui donnerait lieu à une correspondance trop étendue, mais toutes les fois qu'elles le demandent.

Ces notes n'ont pas seulement pour effet d'éclairer la direction de l'école et de lui fournir les moyens de juger l'élève dans le cours de ses études, elles jouent encore un rôle très-important lorsque, au moment de la sortie de l'école, le conseil des professeurs est appelé à juger l'élève et à lui décerner le titre qu'il mérite.

Études de projets, exercices de laboratoire, visites d'ateliers, etc. complétant les cours oraux.

Examens nombreux.

Tableaux résumant les notes de travail et de conduite des élèves.

M.   , né à   , le   18

(.) ADMIS LE 144ᵉ EN PREMIÈRE ANNÉE.

A étudié à Paris,
Institution
Examinateur, M.

Résultats de l'examen d'admission.

MATIÈRES.	ORAL.	ÉCRIT.	NOTES PARTICULIÈRES.
Arithmétique	15	15-15	Bachelier ès lettres et ès sciences.
Algèbre	14	5-15-15	
Géométrie élémentaire	9		
Géométrie descriptive	5		
Trigonométrie	12		
Géométrie analytique			
Physique		10	
Chimie		18	
Histoire naturelle			
Dessin, croquis, lavis			
Épure		14	
Langues vivantes			Allemand.

Chef actuel de la famille, M.

Correspondant, M.

Adresse de l'élève :

Boursier de

SALLE 5. — PLACE 9.

EXAMENS PARTICULIERS DU

	1ᵉʳ TRIMESTRE.	2ᵉ TRIMESTRE.	3ᵉ TRIMESTRE.	OBSERVATIONS.	MOYENNES.	EXAMENS généraux.
Géométrie descriptive	17-14	15-15	16-14		15	19
Calcul, infinitésimal	11-10	6-14			10	12
Mécanique générale		14	14		14	12
Physique générale	16-16	18-17	18		17	16
Chimie générale	17-18	18-18	17-12		17	13
Cinématique		15	16		16	17
Construction des machines			12		12	15
Hygiène et zoologie appliquée	17	16-16			16	15
Manipulations de — chimie	11	10-13	16-15			
Manipulations de — physique	17					
Manipulations de — levé de bâtiments		13	15-13		15	
Manipulations de — levé de machines	15					
Manipulations de — levé de terrain						

	1	2	3	4	5	6	7	8	9	10	11	12	13	14	15	16	17	18	19	20	MOYENNES.	EXAMENS généraux.
Dessin architectural	13	7	8	5	13	15	11	14	11	13	11	14										
Dessin industriel	15	14	14	10																		
Croquis d'architecture	13	15	13																		12	14
Croquis du dessin industriel	14	13	14	12	16																	
Épures ou calculs de — Géométrie descriptive et stéréotomie	15	15	7	16	16	14	16	17	13	12	16	16	16	15	14	17	16	16	13	17		
Épures ou calculs de — (stéréotomie)	15	17	10	12	14	15	11	15	17	17	18	17									15	
Épures ou calculs de — d'analyse mécanique	13	16	17																			
Épures ou calculs de — de physique	16	16	17																			

Passage en 2ᵉ année, 37ᵉ sur   élèves.

MOIS.	RAPPORTS disciplinaires.	OBSERVATIONS sur les cahiers.	1	2	3	4	5	6	7	8	9	10	11	12	13	14	15	16	17	18	19	20	21	22	23	24	25	26	27	28	29	30	31	ABSENCES.	SORTIES.	RETARDS.
Novembre																																				
Décembre																																				
Janvier		1																																		
Février																								1	1	1	1	1	1					6		
Mars		2	1	1	1		1	1																												
Avril																																		5		
Mai																																				
Juin																																				
Juillet																																				
Août																																				
TOTAUX																																		11		

PREMIÈRE ANNÉE. — Bon élève. — Très-sérieux.

(Ces notes sont celles d'un de nos meilleurs élèves. Pour un moins bon élève on eut relaté au bas de la page le nombre des
donnés aux parents, etc. etc.)

Spécialité : Mécanicien.

2ᵉ ANNÉE.   Sorti le 1ᵉʳ.   3ᵉ ANNÉE.

SALLE 5. — PLACE 3.

	EXAMENS PARTICULIERS DU			EXAMENS
	1ᵉʳ TRIMESTRE.	2ᵉ TRIMESTRE.	3ᵉ TRIMESTRE. / MOYENNES.	généraux.
Mécanique appliquée	15 15	15 17	16	16
Construction des machines	17 11	11	15 14	18
Chimie analytique	17 17		17	16
Chimie industrielle		19 18	19	19
Métallurgie	14	15	15	15
Exploitation des mines	15	14	15	15
Architecture	15 17	15 17	16	19
Physique industrielle	18 18	17	18	18

Manipulations de
- chimie
- physique industrielle — 14 15
- spécialité
- levé de terrains — 11 ; 16 / 13
- nivellements, jaugeage d'un cours d'eau ..... } 14

Travail des vacances. ...... 19 - 18 - 19 - 18   19

Éléments de projets.
- Dessin topographique 14
- Études de cinématique 13-13. 13
- Comble 14-18. 16
- Route 12-15. 14
- Treuil à engrenage .... 10-15. 13 } 14-8
- Chaudière à vapeur 14
- Poutre en fer double T 18
- Ponceau. — Courbe des pressions 14
- Distribution de vapeur 13

Projets...
- Modérateur de vitesse 12
- Pont suspendu .... 16 } 15
- Manége 17

Passage en 3ᵉ année, 1ᵉʳ sur   élèves.

SALLE 7. — PLACE 1.

	EXAMENS PARTICULIERS DU			EXAMENS
	1ᵉʳ TRIMESTRE.	2ᵉ TRIMESTRE.	3ᵉ TRIMESTRE. / MOYENNES.	généraux.
Mécanique appliquée	14 17	15	15	16
Construction des machines		17 18	18	17
Chimie analytique	17 18		18	18
Chimie industrielle		18	18 18	18
Métallurgie	16	15	16	18
Minéralogie et géologie	14	13	14	20
Travaux publics	18	17	18 18	18
Machines à vapeur		17 17	17	18
Chemins de fer	15 18		17	19
Filatures et tissages				

Manipulations de
- chimie — 12
- concours

Travail des vacances. 16

Projets divers.
- Outils-moteurs à vapeur 16
- Appareils de chauffage .... 16 } 16-4
- Maison de campagne 16
- Calculs relatifs à un arc en fonte 18

Projets de spécialité.
- Grue 14
- Scierie de bois .... 14 } 15
- Canal de dérivation et vannage 16
- Roue hydraulique 16

Classement général
- avant le concours, 1ᵉʳ sur   élèves.......
- après le concours, 1ᵉʳ sur   élèves.......
- dans la spécialité, 1ᵉʳ sur   élèves.......

1ᵉʳ diplôme.

Attendance

MOIS.	RAPPORTS disciplinaires.	OBSERVATIONS sur les cahiers.	1	2	3	4	5	6	7	8	9	10	11	12	13	14	15	16	17	18	19	20	21	22	23	24	25	26	27	28	29	30	31	ABSENCES	SORTIES.	RETARDS.
2ᵉ année																																				
Novembre																																				
Décembre																																				
Janvier			1		1	1					1	1	1	1	1																			5		
Février												1	1	1	1		1	1																8		
Mars																																				
Avril																																				
Mai																																				
Juin																																				
Juillet																																				
TOTAUX																																		13	"	»
3ᵉ année																																				
Novembre																																				
Décembre																																				
Janvier																				1	1	1	1					1	1					6		
Février									1	1																								2		
Mars																																				
Avril																																				
Mai																																				
Juin																																				
TOTAUX																																		8		

DEUXIÈME ANNÉE. — Très-bon élève. (A été malade.) | TROISIÈME ANNÉE.

admonitions adressées à cet élève par le Conseil d'ordre ou le Conseil des études, la cause de ces admonitions, les avertissements

Dans l'origine, le conseil de l'école n'avait égard, pour le classement définitif des élèves, qu'aux notes obtenues dans les examens de concours, examens portant principalement sur un projet dit *projet de concours*, exigé des élèves à la fin de la troisième d'études, mais on n'a pas tardé à reconnaître que tel élève qui avait le bonheur de bien répondre à certaines questions qui étaient posées au moment du concours n'était parfois qu'un élève médiocre, favorisé par le sort. On décida donc que la moyenne des notes de la troisième année, consultée auparavant pour l'admission au concours seulement, viendrait s'ajouter à celles des notes du concours dans l'appréciation du mérite du candidat. Plus récemment l'expérience ayant prouvé que les élèves se négligent quelquefois pendant la seconde année d'études, le conseil a arrêté que la moyenne des notes de deuxième année entrerait en ligne de compte pour la délivrance du diplôme ou certificat de capacité accordé au candidat, et pour son classement sur la liste publiée au *Moniteur*.

Il est difficile qu'à la suite d'épreuves si nombreuses et si sérieuses la capacité d'un élève ne soit pas suffisamment appréciée et son classement bien motivé.

Les industriels l'ont compris, car la plupart exigent des élèves qu'ils veulent employer la production de leur diplôme ou de leur certificat de capacité, et comme le certificat est de valeur moindre que le diplôme, il se présente chaque année d'anciens élèves qui, n'ayant obtenu que le certificat, viennent concourir de nouveau pour obtenir le diplôme.

Il était curieux de savoir quelle était la proportion des élèves parvenus à obtenir le diplôme ou le certificat relativement aux élèves admis. Nous avons fait dresser des tableaux pour la calculer. Il est résulté de ces tableaux que sur 100 élèves admis :

	Ont obtenu le diplôme	Le certificat	Le diplôme ou le certificat
En 1829 (ouverture de l'école),	13	7	20
1831	23	10	33
1835	29	14	43
1840	25	13	38
1850	40	16	56
1855	30	12	42
1857	36	20	56
1859	46	15	61
1860	50	17	67

Le nombre des diplômes et des certificats a donc augmenté très-sensiblement pendant les dernières années, bien que les épreuves soient plus rigoureuses;

cela tient à ce que les examens d'admission deviennent en même temps de plus en plus sévères, et que, par conséquent, les élèves admis sont de plus en plus capables.

A l'École centrale, il est plus facile d'être admis qu'à l'École polytechnique, mais une fois admis il est plus difficile d'en sortir avec son diplôme que de quitter l'École polytechnique avec un emploi du Gouvernement. A l'École polytechnique le nombre des élèves qui échouent à la sortie dépasse rarement deux ou trois pour cent.

Le nombre des élèves admis fut, dès la première année (1829), de 147, mais il se réduisit à 45 en 1832, lors de l'invasion du choléra, et augmenta presque constamment depuis lors. En 1840, il était de 125; en 1845, de 152; en 1855, de 220, et de 1853 à 1863, il a constamment oscillé entre 200 et 220. C'est la limite que nous n'avons pas cherché à dépasser, soit à cause de l'exiguïté du local, soit par d'autres motifs.

Rien ne démontre mieux la bonté d'un enseignement que ses résultats. Nous les avons fait connaître autant qu'il était en notre pouvoir.

Depuis quelques années, le placement des élèves de l'École centrale était devenu un peu plus difficile, soit par suite des hésitations qu'ont suscitées à l'industrie des causes diverses et bien connues, soit encore par suite de l'encombrement dans certaines industries, telles que celle des chemins de fer. Mais une association amicale des anciens élèves a été fondée en 1862, elle compte 1260 anciens élèves et possède déjà un capital de 60,000 francs. Cette association a pour but de répandre parmi les industriels la connaissance de l'école, de leur signaler les services qu'elle peut leur rendre, et d'aider ainsi les élèves à se placer utilement. Elle a déjà produit de bons résultats, et lorsqu'elle aura pu étendre davantage ses relations, elle en produira de meilleurs encore. Le nombre des emplois auxquels les élèves sont propres et qui leur ont échappé jusqu'à ce jour est immense. Mieux appréciés et plus connus, ils seront appelés à les remplir au grand avantage du pays aussi bien qu'à leur avantage propre.

Bien convaincu que c'est la notoriété surtout qui manque à l'École centrale, nous avons cherché de nouveaux moyens d'en répandre la connaissance. L'un des meilleurs nous a paru être d'ouvrir pendant l'hiver les salons de l'École, qui sont très-vastes, et d'y réunir autant que nous le pourrions, un grand nombre de notabilités industrielles, scientifiques, financières, politiques même, les professeurs, les anciens élèves de l'École résidant à Paris ou s'y trouvant en passage, ainsi que les vingt-quatre commissaires des élèves présents à l'École.

Pour rendre attrayantes ces soirées, nous n'avons pas seulement recherché le concours de nos premiers artistes, nous avons aussi obtenu de nos plus habiles opérateurs, Ruhmkorff, Dubosq, etc. qu'ils répétassent dans un des salons les expériences de physique les plus neuves et les plus remarquables, et nous avons exposé dans le milieu le mieux fait pour les apprécier, les appareils les plus récemment inventés et les plus dignes d'intérêt.

De pareilles réunions sont coûteuses sans doute, mais nous croyons qu'elles sont d'une grande utilité dans une école qui est obligée de trouver chaque année des débouchés pour une centaine d'élèves, et qu'un crédit devra être ouvert à notre successeur, à titre de frais de représentation, pour qu'il puisse suivre la voie que nous avons ouverte.

On objectera peut-être que ces frais de représentation ne figurent pas aux budgets des écoles des ponts et chaussées et des mines, mais il faut remarquer que le nombre des élèves de ces écoles à placer (les élèves externes) est très-petit, comparé à celui des élèves de l'École centrale, et que l'existence et la durée de ces écoles est indépendante de leur placement, puisqu'elles fonctionnent dans l'intérêt des ingénieurs de l'État, et ne reçoivent des élèves externes qu'à titre facultatif et bienveillant.

Aux Écoles de droit et de médecine, la position est également différente ; les jeunes gens qui sortent de ces écoles ne doivent pas, comme nos élèves, faire leur stage dans des places rétribuées.

Organisation de l'enseignement de l'École centrale, comparée à celle de l'enseignement des écoles polytechniques d'Allemagne et de Suisse.

Il est intéressant de comparer l'organisation de l'enseignement à l'École centrale des Arts et Manufactures et dans les écoles polytechniques d'Allemagne ou de Suisse. C'est ce que nous allons essayer de faire succinctement.

Les écoles polytechniques d'Allemagne et de Suisse (Hanovre, Brunswick, Berlin, Dresde, Prague, Vienne, Munich, Stuttgard, Carlsruhe et Zurich) sont de véritables facultés techniques. L'école de Zurich est même plus que cela, puisqu'on y fait de cours de science politique, etc.

Le nombre des cours y est considérable. Ils sont très-variés et faits généralement par des hommes très-savants et très-habiles professeurs.

Les élèves de toutes ces écoles sont externes. Ils se subdivisent en auditeurs ou élèves complétement libres n'assistant qu'à certains cours de leur choix, et en élèves réguliers obligés de suivre un ensemble de cours constituant un enseignement industriel spécial, tel que celui des constructions, des machines, des industries chimiques, de faire certains projets, certains travaux de laboratoire, quelquefois même (à Dresde et à Berlin, par exemple) on exige qu'ils interrompent leurs études théoriques pour se livrer à certains travaux pratiques.

Aucune de ces écoles polytechniques, celle de Zurich exceptée, ne délivre de diplôme à la sortie.

Si l'on compare le programme de l'enseignement dans ces différentes écoles avec ceux de l'École centrale, on trouve incontestablement entre ces programmes une assez grande analogie; mais, pour ce qui est de l'application, c'est différent.

Les épreuves exigées en Allemagne, pour l'admission, sont assez généralement moins sérieuses que celles exigées des candidats à l'École polytechnique de France, et même des candidats à l'École centrale. Une fois admis, les élèves y jouissent d'une plus grande liberté que dans ces dernières écoles et n'y sont pas soumis à des examens aussi fréquents.

Enfin, les élèves ne sont obligés d'assister qu'aux cours de la spécialité qu'ils ont adoptée.

A l'école polytechnique de Zurich, la discipline se rapproche beaucoup de celle de nos écoles; mais les élèves, comme dans les écoles allemandes, n'y sont obligés de suivre que les cours de leur spécialité.

Les épreuves sévères imposées aux élèves de l'École centrale pour l'admission et pendant tout le cours de leurs études à l'école sont-elles utiles? Nous le croyons fermement, et nous sommes persuadés qu'on en viendra à les imposer également aux élèves des écoles allemandes, comme on le fait déjà à Zurich.

Dans une partie des écoles allemandes et même à Zurich, on demande beaucoup de temps aux professeurs. En France, au contraire, ils ne font qu'un petit nombre de leçons, en sorte qu'ils ont la faculté de s'occuper de travaux pratiques? Si les découvertes qu'un professeur de théorie compte dans les sciences pures contribuent puissamment à la dignité de son enseignement, les usines, les machines, les ouvrages d'art qu'un professeur de sciences appliquées a érigés n'exercent pas une moins grande influence sur les élèves. La confiance de l'auditoire est en proportion de l'auréole dont le professeur est entouré par l'opinion publique, et celle-ci se mesure aux services rendus et au mouvement imprimé aux idées du temps. L'École centrale a toujours placé au premier rang de ses préoccupations dans le choix de ses professeurs ces conditions d'autorité, qui doublent la force de leurs paroles et le fruit de leurs leçons.

Reste maintenant la question de savoir s'il est bon d'obliger les élèves, comme on le fait à l'École centrale, à suivre tous les cours, et à subir des examens sur tous ces cours, quelle que soit leur spécialité, en ne leur imposant toutefois que des projets ou exercices de laboratoire relatifs à cette spécialité, ou s'il vaut mieux, comme en Allemagne, n'exiger leur présence qu'aux cours de leur spécialité? Elle est grave sans doute, et nous concevons parfaitement qu'on soit partagé sur la solution. Voyons quelles sont les raisons qui ont conduit l'École centrale à préférer le premier système.

On peut dire que l'homme est à l'école toute sa vie. L'instruction qu'on lui donne dans les écoles proprement dites : école primaire, école secondaire, école supérieure, n'est en réalité qu'une préparation plus ou moins complète à l'instruction qu'il acquerra par la pratique, dans tout le courant de son existence.

Dans les écoles primaires ou secondaires, l'instruction doit être tout à fait générale; dans les écoles auxquelles seules on peut appliquer le nom de professionnelles, comme l'École centrale, l'École polytechnique, l'École de droit, l'École de médecine, etc. elle perd de son caractère de généralité, tout en le conservant jusqu'à un certain point, surtout dans les Écoles centrale et polytechnique, où l'on ne doit pas encore faire, selon nous, des hommes tout à fait spéciaux, mais des hommes propres à embrasser un ensemble de spécialités, qui ont entre elles un certain rapport. Ainsi, à l'École polytechnique, on fait des officiers d'artillerie et du génie, aussi bien que des ingénieurs des ponts et chaussées ou des mines. A l'École centrale on doit faire des hommes propres à embrasser différentes carrières industrielles. Les écoles tout à fait spéciales, tout à fait pratiques pour les élèves de l'École polytechnique sont les écoles de Metz, des mines et des ponts et chaussées; pour les élèves de l'École centrale, ce sont les chantiers, les ateliers.

Les fondateurs de l'École centrale, dans le passage de leur premier prospectus reproduit page 6, ont parfaitement indiqué les rapports intimes qui lient entre elles les différentes branches de l'industrie et la nécessité de les étudier toutes, du moins à un certain point de vue général, même pour celui qui ne doit en réalité n'en pratiquer qu'une seule. Ce n'est donc pas sans de puissantes raisons qu'ils ont, dès l'origine, imposé à leurs élèves l'obligation de suivre tous les cours.

Il suffit d'étudier les différentes carrières embrassées par nos élèves pour reconnaître combien leur pensée était juste. Ainsi que nous avons constaté que 293 élèves sur les 1,147 placés, comme nous l'avons indiqué, ont changé avec succès de spécialité.

Les moyens de mesurer ainsi les résultats de l'enseignement des écoles polytechniques d'Allemagne et de les comparer avec ceux de notre enseignement nous font malheureusement défaut.

L'enseignement de l'École centrale doit être précédé d'un enseignement plus élémentaire. Les élèves se préparent à l'École centrale dans les lycées et les colléges, dans des institutions libres, ecclésiastiques ou laïques, dans des écoles municipales, comme l'école Turgot, dans les écoles d'arts et métiers. Mais, dans ce dernier cas, les candidats, suffisamment instruits dans la partie scientifique, laissent souvent à désirer sous le rapport littéraire. L'enseignement dit *professionnel*, dont le Gouvernement vient de jeter les bases, nous fournira sans doute des sujets mieux préparés au point de vue littéraire; le temps ne manque pas aux enfants pour acquérir les connaissances de toute nature que devrait posséder aujourd'hui tout homme qui veut embrasser une profession libérale. C'est plutôt l'organisation de l'enseignement qui est imparfaite. Nous faisons des vœux pour que le projet élaboré par le Ministre de l'instruction publique se réalise, et pour que l'instruction secondaire ainsi modifiée se coordonne avec celui des écoles supérieures existantes.

C'est ainsi que l'École centrale se complétera pour ainsi dire par elle-même; car personne n'ignore la part très-importante qu'à prise à cette grande œuvre de la transformation de l'enseignement secondaire l'un de ses fondateurs, le président de son conseil, l'illustre chimiste Dumas. Tout le monde sait que depuis plus de seize ans il a toujours été à la tête du mouvement qui s'est manifesté en faveur de cette transformation.

ADMISSION DES ÉTRANGERS DE TOUS PAYS À L'ÉCOLE CENTRALE.

Un trait particulier qui distingue l'École centrale des autres écoles professionnelles françaises et de l'École polytechnique, c'est qu'elle admet des élèves de tous les pays, sur le même pied que les élèves d'origine française. C'est une école véritablement cosmopolite, internationale. Le nombre de ses élèves étrangers est considérable. En Espagne, dans les Pays-Bas, en Italie, ils occupent des positions politiques ou industrielles très-élevées. Nous en avons cité qui sont devenus ministres, sénateurs, généraux, d'autres sont membres de parlements,

Les élèves sortis de l'École centrale changent de spécialité avec succès.

Enseignement qui doit précéder celui de l'École centrale.

Nombre considérable d'élèves étrangers admis à l'École centrale.

académiciens. En Belgique, ils se sont associés à l'établissement des premières voies ferrées, et se sont distingués dans plusieurs industries, l'industrie minérale et métallurgique particulièrement; en Suisse, ils jouent un rôle important; l'Angleterre, l'Allemagne, la Russie, la Pologne, l'Italie, les Pays-Bas nous ont fourni d'excellents sujets. Les États-Unis, le Mexique, les républiques du sud de l'Amérique, le Brésil, l'Égypte et l'Indo-Chine même ont envoyé des élèves à l'École centrale.

Rapport du nombre des étrangers a celui des nationaux.

Le tableau qui suit donnera une juste idée du nombre d'élèves étrangers admis à l'École centrale.

Au 1ᵉʳ janvier 1864 le nombre des élèves admis à l'École centrale s'élevait à 4,560
sur ce nombre il se trouvait 1,114
étrangers ainsi répartis entre les différents pays :

Suisses		162
Polonais		117
Allemands . .	Autriche . . . . Prusse . . . . Wurtemberg . . . . Hesse . . . . Bavière . . . . Saxe	114
Espagnols		104
Antilles (Cuba, la Havane, Mantanzas, Haïti)		88
Belges		74
Italiens		65
Angleterre, Écosse, Irlande		58
États-Unis		53
Amérique du Sud (Chili, Bolivie, Pérou, Uruguay, Rio de la Plata)		47
Russes		37
Brésiliens		36
Africains (Égypte, île Maurice, Madagascar)		34
Hollandais (Luxembourg surtout)		33
Mexicains		32
Moldo-Valaques		19
Turcs		18
Indoustan (Inde, Bengale, Malabar, Sainte-Marie)		14
Portugais		9
TOTAL		1,114

Sur ces 1,114 étrangers 441 ont obtenu le diplôme ou le certificat de capacité.

En ouvrant les portes à des élèves étrangers, dont le nombre atteint le tiers de celui des nationaux admis, l'école a fait en même temps un calcul sage dans l'intérêt de sa prospérité et un calcul patriotique dans l'intérêt de la France. Qui ne comprend, en effet, combien sont précieux à tous égards pour le pays ces liens qui se forment entre ces jeunes étrangers et leurs camarades français pendant ces trois années d'études sur les bancs de l'école, et qui sont continués hors de l'école par l'association amicale.

ÉCOLES FONDÉES EN PAYS ÉTRANGERS À L'EXEMPLE DE L'ÉCOLE CENTRALE.

Si l'École polytechnique a trouvé des imitateurs, l'École centrale a eu également les siens. Elle a servi de modèle à plusieurs écoles professionnelles créées en Belgique, en Espagne, en Suisse, aux États-Unis. Quelques-unes ont pris le nom populaire d'École polytechnique, mais en adoptant le système d'enseignement de l'École centrale. C'est ainsi qu'en Égypte M. Lambert-Bey avait fondé une École polytechnique où, de son propre aveu, il avait adopté le programme de l'École centrale modifié pour répondre aux habitudes et aux besoins du pays. A Londres, à la suite de l'exposition de 1851, le prince Albert avait eu la pensée de créer aussi une grande école industrielle, indispensable, dit un rapport rédigé sous son inspiration, pour maintenir l'industrie anglaise à la hauteur qu'elle a atteinte. Le docteur Lyon Playfair, commissaire général de l'exposition, proposa alors l'École centrale de Paris comme le meilleur modèle à imiter. Le projet du prince Albert n'a pas eu de suite.

Sans contester le mérite des écoles calquées sur l'École centrale, faisons observer toutefois que l'école de Paris conservera sa supériorité, en ce qu'elle se trouve dans la ville la plus instruite du monde, placée admirablement pour obtenir le concours des hommes les plus éminents, au centre d'un mouvement d'idées à nul autre pareil, et à portée de magnifiques collections ainsi que de grandes et belles usines.

AVENIR ET INFLUENCE DE L'ÉCOLE CENTRALE SUR LA PROSPÉRITÉ DU PAYS.

Nous avons dit ce qu'est l'École centrale, ce qu'elle a fait jusqu'à ce jour; essayons d'en prédire l'avenir.

Déjà un nombre considérable de nos grandes fabriques se trouvent placées sous la direction d'anciens élèves de l'École centrale, et le nombre en augmente tous les jours. Déjà beaucoup de chefs de fabrique, d'industriels du premier ordre, ont placé leurs enfants à l'École centrale. On voit figurer sur la liste des anciens élèves ou élèves actuels de l'École centrale les noms suivants, si haut placés dans l'industrie française : Bayvet, — Binder, — Biver, — Bella, — Blech, — de Blonay, — Dietrich, — de Bussières, — Cail, — Cheilus, — Clouet-Lacretaz, — Chagot, — Chameroy, — Chevandier, — Clémandot, — Dailly, — Darblay, — Dervaux-Lefebvre, — Dollfus, — Dubied, — Dufournel, — Dufour-Martin, — d'Eichtal, — Farcot, — Feray, — Gast, — Gouvy, — Gros, — Hamoir, — Hartman, — Houel, — Imbs, — Jacquesson, — Jourdain-Davillier, — Kœchlin, — Laligant, — Legavrian, — Lemaître, — Lespérut, — Mertian, — Montgolfier, — Noblot, — Péreire, — Polonceau, — Raspail, — Rhoné-Péreire, — Saglio, — Sautter, — Schlumberger, — Schmerber, — Sellières, — Sieber. — Seguin, — Stehelin, — Stoeklin, — Sommier, — Turckheim, — de Vendel, — Zoude, — Zuber.

Bientôt, nous n'en doutons pas, cette prédilection sera générale, en sorte qu'à une époque plus ou moins rapprochée, notre grande industrie se trouvera tout entière ou à peu près dans les mains d'anciens élèves de l'École centrale. Quelle influence n'exerceront-ils pas alors sur l'avenir d'un pays où l'industrie joue un si grand rôle ? Peut-on douter que cette influence n'égale celle qu'ont exercée les élèves de l'École polytechnique sur les progrès de la science ?

Au point de vue purement politique, l'École centrale est appelée également à rendre de grands services. Ses relations nombreuses avec des hommes influents à l'étranger ne peuvent que resserrer les liens qui doivent unir les différentes nations.

Elle n'a pas été sans action sur la morale publique et la tranquillité du pays. Le nombre des jeunes gens qui, après avoir suivi plus ou moins complétement les cours de l'École de droit ou de l'École de médecine, restent sans occupation, est énorme. Ainsi, il y a quelques années, lorsque la commission du budget se plaignait de la population flottante de ces écoles, le conseil général des manufactures déplorait, au contraire, la rareté des sujets qui abordent la carrière de l'industrie avec des connaissances positives et applicables aux différentes parties de la production. Ces jeunes gens déclassés deviennent un véritable danger pour la société dont ils croient avoir à se plaindre. Parmi les élèves de l'École centrale, qui a appelé beaucoup de ces jeunes gens dont la vocation était méconnue, il en est fort peu, au contraire, qui ne parviennent à se créer une carrière plus ou moins lucrative, plus ou moins indépendante.

Hâtons-nous de dire cependant : en faisant à l'activité industrielle une large part, nous ne sommes pas de ceux qui pensent que la France est appelée à devenir, pour ainsi dire, un grand atelier dont tout citoyen serait ouvrier. Ce serait un triste pays, selon nous, que celui où l'étude de la science entraînerait à négliger celles des lettres, de la philosophie, des arts, où l'esprit mercantile éteindrait le goût de ce qui est grand, beau et noble, sans être matériellement utile !

L'étude des lettres ne doit pas être négligé pour celle des sciences.

Que l'on ne croie pas, d'ailleurs, que les études de l'École centrale éteignent chez les élèves le feu de l'imagination. Elles agissent plus qu'on ne le suppose sur le sens moral et le développent au lieu de l'abaisser. Le conseil, qui a si souvent l'occasion de constater quels sont les sentiments des élèves entre eux, soit au sein même de l'école, soit plus tard, au milieu des difficultés de la vie ; le conseil, qui sait de quelle respectueuse affection tous ses membres sont entourés par les élèves sortis de l'école, et qui en recueille à chaque instant les preuves les plus touchantes, serait unanime pour l'affirmer.

Les études de l'École centrale agissent plus qu'on ne le suppose sur le sens moral.

OBJECTIONS FAITES A L'ENSEIGNEMENT DE L'ÉCOLE CENTRALE.

Il nous reste à répondre à diverses objections que l'enseignement de l'École centrale a soulevées.

On a dit que les élèves de l'École centrale devraient consacrer une partie de leur temps, comme ceux des écoles d'arts et métiers, à des travaux manuels ; qu'ils en deviendraient bien plus capables de diriger des ateliers. C'est une erreur de penser que l'on peut, sans inconvénient, allier les travaux manuels aux études scientifiques. L'expérience a prouvé qu'ils se nuisent mutuellement. Il n'est pas absolument nécessaire de connaître les travaux de l'ouvrier dans tous les détails pour bien les surveiller, et il est reconnu que souvent l'homme qui se préoccupe outre mesure des détails, néglige les vues d'ensemble. Tient-on toutefois à ce qu'un jeune homme s'initie aux opérations de l'ouvrier, qu'on le place, à sa sortie de l'école, pendant une ou deux années, dans un bon atelier, où il exécutera des travaux variés, il en apprendra davantage, de cette manière, qu'en se livrant à des exercices manuels pendant son séjour à l'école. C'est ce qu'ont fait, à leur grand avantage, plusieurs élèves de l'École centrale. D'autres passent par les écoles d'arts et métiers avant d'entrer à l'École cen-

Absence de travaux manuels ; difficulté d'allier les travaux manuels aux travaux intellectuels.

trale ; ce sont, en général, d'excellents sujets, auxquels on ne pourrait reprocher que la faiblesse de leur instruction littéraire.

On a encore reproché à l'École centrale de ne pas donner à ses élèves certaines notions qui paraissent d'une grande utilité pour les industriels, telles, par exemple, que des notions d'économie industrielle, de comptabilité, de technologie générale, de langues étrangères, etc.

Sans contester l'avantage qu'il peut y avoir pour un jeune homme à les acquérir, nous ferons observer que le temps des élèves est déjà tellement rempli qu'il est de toute impossibilité de les assujettir à de nouvelles études dans l'intérieur de l'école. Il faut qu'ils se complètent après leur sortie. *Ils ont appris à apprendre*, mais ils sont bien loin de posséder, en quittant les bancs, toutes les connaissances qui leur sont nécessaires. L'enseignement même qui leur est donné dans les cours laisse forcément des lacunes, qu'ils sont plus tard obligés de combler.

Quelques industriels se plaignent des prétentions exagérées de nos élèves à leur sortie de l'école. Nous n'encourageons certainement pas ces prétentions. Nous engageons, au contraire, les élèves de l'École centrale à se contenter, au début, d'emplois modestes, pourvu que ces emplois leur offrent la perspective d'un avenir digne de l'instruction qu'ils ont reçue. La vanité est, du reste, un défaut commun à tous les jeunes gens. Auraient-ils quelques-unes de ces illusions de la jeunesse, qu'il ne faudrait pas s'en étonner. Ce défaut diminue lorsque, avec l'âge, ils apprennent à mieux connaître le monde. Les bons élèves de l'École centrale sont d'excellents instruments ; mais il faut *vouloir et savoir* s'en servir.

Les élèves de l'École centrale sont externes, comme ceux de l'École de droit et de médecine. On a manifesté la crainte qu'ils ne fussent trop exposés aux séductions d'une grande ville. Cette crainte est peu fondée, parce qu'ils sont soumis à un régime beaucoup plus sévère que les élèves en droit et en médecine ; qu'une partie vivent dans leurs familles, ou sont placés dans d'excellentes institutions avec lesquelles la direction de l'école est en communication perpétuelle. Les études auxquelles ils se livrent sont d'ailleurs généralement tellement attrayantes, qu'elles captivent le plus grand nombre et les préservent de la dissipation ; elles leur donnent des habitudes morales, ce qui vaut mieux encore que les préceptes, que trop souvent l'on oublie !

Le prix de l'enseignement, dit-on, est bien élevé ! ne pourrait-on le réduire ?

L'École centrale est inaccessible aux jeunes gens sans fortune.

Les frais d'études, entretien compris, si l'on tient compte de la durée des études, ne sont pas plus élevés pour un élève de l'École centrale que pour un étudiant en droit ou pour un étudiant en médecine; et l'élève de l'école centrale est bien plus sûr de se placer avantageusement, avec un diplôme, que le jeune avocat où le jeune médecin. Il n'en est pas moins vrai que les jeunes gens sans fortune ne peuvent les supporter. Mais le Gouvernement et quelques départements ont créé des bourses en faveur de ces jeunes gens. Ces bourses sont données au concours. Le Gouvernement et ces départements accordent également des subventions pour l'entretien des plus nécessiteux. De cette manière le jeune homme riche paye son éducation, ce qui est fort naturel, et les portes de l'école s'ouvrent pour le fils de l'artisan qui fait preuve de la capacité nécessaire pour tirer parti de l'enseignement. Le nombre des bourses est encore peu considérable, nous faisons des vœux pour qu'il augmente ! Nous en appelons surtout à la sollicitude des conseils généraux pour la classe ouvrière.

NOTE HISTORIQUE SUR L'ÉCOLE CENTRALE ET CONCLUSION.

Nous avons dit que l'École centrale avait été fondée par MM. Dumas, Lavallée, Olivier et Péclet, en 1829.

Le succès de cet établissement est une preuve bien remarquable de la puissance de l'initiative privée.

En quelques années, malgré la terrible invasion du choléra en 1832, l'École centrale a grandi et pris place parmi nos institutions les plus utiles. On ne saurait trop s'étonner de l'exiguïté du capital engagé (150 à 200,000 francs, je crois), pour obtenir un si grand résultat.

Il est juste de dire que les premiers professeurs se sont associés au sort de l'entreprise avec un dévouement que l'État, peut-être, n'aurait pas obtenu; pendant bien des années, tout en se multipliant, ils se sont contentés d'un traitement bien modeste; eu égard à l'étendue de leur tâche et à la haute réputation que quelques-uns d'entre eux s'étaient acquise. C'est à ce culte pour l'avenir de l'école, c'est à la gravité de leur parole et à la sincérité de leur affection pour les élèves que les premiers professeurs de l'École centrale ont dû le succès et la durée de leur œuvre.

Avec le capital faible dont nous venons d'exposer le chiffre, non-seulement l'École centrale a formé un nombre considérable de jeunes ingénieurs distingués, qui ont rendu les plus grands services à l'industrie, figuré parmi les premiers constructeurs des chemins de fer, perfectionné les procédés métallur-

4.

giques, etc. mais encore elle a procuré à M. Lavallée un bénéfice important.

M. Lavallée continuant à rester en possession de l'école, eût probablement doublé ce bénéfice, mais, d'accord avec la majorité du conseil, il a préféré transmettre, avec un louable désintéressement, ce bel établissement à l'État.

Nous avons fait partie de la minorité qui combattait le projet de transmission au Gouvernement, nous appuyant sur les obstacles qu'apporteraient au progrès de notre enseignement les formes administratives, etc.

Il est hors de doute que les formes administratives, malgré l'extrême bien-veillance du Gouvernement pour l'École centrale, peuvent, dans certains cas, nuire à son développement.

Toutefois, nous devons convenir que l'expérience nous a éclairé, et qu'il nous paraît aujourd'hui que l'on ne saurait, sans inconvénients, laisser l'administra-tion de grands établissements tels que l'École centrale, dans les mains de spé-culateurs, car il serait fort à craindre qu'ils ne sacrifiassent parfois l'avenir de l'établissement au désir de réaliser, dans le plus bref délai possible, les plus grands bénéfices. Croit-on, par exemple, que l'École polytechnique, l'École de droit et l'École de médecine, eussent été bien placées dans les mains de spécu-lateurs? Il est permis d'en douter. Or l'École centrale n'est nullement infé-rieure aux écoles que nous venons de nommer. C'est la grande école de l'indus-trie [1].

Aug. PERDONNET.

[1] En Angleterre, le pays par excellence de l'initiative privée, l'université de Londres, l'école de géologie de Labèche et un troisième établissement, fondés par des particuliers, sont devenus, forcément, établissements municipaux.

EXTRAIT

DU

RÈGLEMENT DE L'ÉCOLE CENTRALE.

L'École centrale des arts et manufactures est placée dans les attributions et sous l'autorité directe du Ministère de l'agricultre, du commerce et des travaux publics.

Elle demeure spécialement destinée à former des ingénieurs pour toutes les branches de l'industrie et pour les travaux et services publics dont la direction n'appartient pas nécessairement aux ingénieurs de l'État.

Des *diplômes d'ingénieur des arts et manufactures* sont délivrés chaque année, par le Ministre de l'agriculture, du commerce et des travaux publics, aux élèves désignés par le conseil de l'école réuni en session extraordinaire (art. 36), comme ayant satisfait d'une manière complète à toutes les épreuves du concours.

Des *certificats de capacité* sont délivrés par le Ministre, sur la désignation du conseil à ceux des candidats qui, n'ayant satisfait que partiellement aux épreuves du concours, ont néanmoins justifié de connaissances suffisantes sur les points les plus importants de l'enseignement.

L'école admet les étrangers aux mêmes conditions que les nationaux.

Elle ne reçoit que des élèves externes.

Le prix de l'enseignement, y compris les frais de manipulations, est de 800 francs par an, exigibles en trois termes.

Des subventions peuvent être accordées par l'État, dans la limite des ressources inscrites annuellement au budget du Ministère de l'agriculture, du commerce et des travaux publics, aux élèves qui ont subi avec distinction les examens d'admission à l'école ou les épreuves de passage d'une division à une division supérieure, et qui en même temps justifient de l'insuffisance de leurs ressources.

Nul n'est admis à l'École impériale centrale des arts et manufactures que par voie de concours. Les examens sont gratuits.

Le concours est public en ce qui concerne l'examen oral.

Nul ne peut être admis au concours s'il n'a préalablement justifié qu'il était âgé de plus de dix-sept ans au 1ᵉʳ janvier de l'année dans laquelle il se présente.

Les candidats qui désirent prendre part aux subventions de l'État doivent en faire la déclaration par écrit à la préfecture de leur département. Cette déclaration doit être accompagnée d'une demande au Ministre.

L'école est administrée, sous l'autorité du Ministre de l'agriculture, du commerce et des travaux publics, par un directeur.

Le directeur est nommé par l'Empereur, sur la proposition du Ministre.

Il est choisi parmi les personnes qui font, ou ont fait, à une époque quelconque, partie du *conseil de perfectionnement de l'école.*

L'autorité du directeur s'étend sur toutes les parties du service ; il assure l'exécution des règlements et des décisions du Ministre, le maintien de l'ordre et la discipline.

Un sous-directeur, qui est également nommé par l'Empereur, sur la proposition du Ministre et l'indication du directeur, surveille, sous les ordres de ce dernier, tous les détails du service.

Il remplace au besoin le directeur dans ses fonctions, en cas d'absence, de maladie ou de tout autre empêchement.

Le personnel de l'enseignement se compose :

1° D'un directeur et d'un sous-directeur des études ;

2° Des professeurs ;

3° De maîtres de conférences, chefs de travaux, répétiteurs et préparateurs.

Le directeur des études s'occupe de tous les détails des travaux des élèves ; il est chargé, sous l'autorité du directeur de l'école, de veiller à l'observation des programmes d'enseignement, de suivre l'exécution des décisions qui concernent l'instruction, et d'assurer le maintien de la discipline parmi les élèves.

Il est secondé dans l'accomplissement de sa mission par le sous-directeur des études, et par des inspecteurs, dont le nombre est réglé suivant les besoins du service.

Le directeur des études et les professeurs des cours principaux des sciences industrielles, désignées au § 2 de l'article 19, sont nommés par l'Empereur, sur la proposition du Ministre.

Le sous-directeur des études et les professeurs des sciences générales sont nommés par le Ministre.

Le directeur et le sous-directeur des études sont choisis parmi les anciens élèves ayant obtenu le diplôme.

Sont attachés à l'école :

Un agent comptable remplissant les fonctions de caissier, lequel est tenu de fournir un cautionnement ;

Un conservateur du matériel et des collections ;

Un chef du secrétariat, archiviste ;

Un bibliothécaire ;

Et, en outre, des employés d'administration et des agents subalternes en nombre suffisant pour les besoins du service.

L'agent comptable, le conservateur du matériel et des collections, le chef du secrétariat et le bibliothécaire, sont nommés par le Ministre.

Le Ministre peut déléguer au directeur la nomination des employés d'administration et des agents subalternes ; mais, dans tous les cas, il en règle le nombre, les attributions et le traitement.

Un médecin ordinaire et un médecin suppléant sont attachés à l'école.

Un règlement intérieur arrêté par le Ministre, sur la proposition du directeur, après délibération du conseil de l'école, détermine dans leurs détails les attributions et les devoirs des divers membres dont se compose le personnel de l'enseignement et des fonctionnaires principaux de l'Administration.

Les fonctionnaires de l'école, y compris ceux qui sont attachés à l'enseignement, ne peuvent être révoqués que par l'autorité qui les a nommés.

La durée du cours d'études de l'École impériale centrale des arts et manufactures demeure fixée à trois années.

La première année est principalement consacrée à l'étude des sciences générales et de quelques-unes de leurs applications les plus élémentaires ; les deux autres, à l'étude des sciences appliquées à l'industrie ; pendant la deuxième et la troisième année, les élèves sont partagés pour les travaux pratiques en quatre spécialités : *constructeurs*, *mécaniciens*, *métallurgistes et chimistes*. Ils continuent néanmoins à suivre tous les cours et à subir les examens correspondants

A la fin de la troisième année, il est ouvert un concours dans chaque spécialité pour l'obtention du diplôme.

Le diplôme indique la spécialité pour laquelle l'élève a concouru.

Le conseil de l'école se compose des professeurs des sciences industrielles désignées au § 2 de l'article 19.

Les fondateurs de l'école en sont membres de droit.

Le conseil est présidé par un de ses membres désigné chaque année à l'ouverture des cours par le Ministre.

Le directeur de l'école ne fait pas partie du conseil, mais il assiste à toutes les séances et il prend la parole toutes les fois qu'il le juge convenable.

Le sous-directeur de l'école, le directeur et le sous-directeur des études assistent également aux séances du conseil, pour y donner toutes les explications qui seraient jugées nécessaires.

Le sous-directeur des études y remplit les fonctions de secrétaire.

Le conseil de l'école prépare et étudie les mesures qui concernent la direction et l'amélioration de l'enseignement.

Le conseil délibère en session extraordinaire, avec l'adjonction de neuf anciens membres du conseil ou anciens élèves diplômés désignés par le Ministre sur la proposition du directeur et l'avis du conseil de l'école :

1° Sur la liste des élèves présentés par le conseil de l'école pour les diplômes ou les certificats de capacité ;

2° Sur les changements à introduire dans le programme d'admission, dans les programmes de l'enseignement, dans les conditions du concours pour l'obtention des diplômes, ou enfin dans le réglement de l'école.

3° Sur la présentation des candidats aux fonctions de professeurs.

Les neuf membres désignés ainsi qu'il est dit au § 1er du présent article, sont nommés pour six ans ; ils se renouvellent par tiers ; ils sont rééligibles après un intervalle d'une année.

Le conseil de l'école, avec l'adjonction des neuf membres désignés ainsi qu'il est dit à l'article 36, remplit les fonctions de *conseil de perfectionnement* de l'école.

Il examine, après l'achèvement des opérations du concours pour la délivrance des diplômes, quels ont été les résultats pendant l'année et quelle est la situation de l'école sous le rapport de l'enseignement et aussi sous le rapport de l'installation et de l'état du matériel ; il exprime ses vœux sur toute amélioration qu'il jugerait nécessaire ou désirable.

Le directeur et le sous-directeur de l'école et le directeur des études font partie du conseil de perfectionnement.

Le conseil de l'école se réunit sur la convocation du directeur, qui fixe l'ordre du jour des séances.

Aucune affaire ne peut être mise en délibération en dehors de celles qui sont portées à l'ordre du jour ; dans le cas, toutefois, où il s'agit d'une question qui concerne directement l'enseignement, elle peut être mise en discussion si le directeur ne s'y oppose pas.

Les délibérations du conseil sont soumises à l'approbation du Ministre. Le directeur est chargé d'assurer l'exécution des décisions dont elles sont l'objet.

Le conseil d'ordre est institué pour prononcer sur les questions d'urgence concernant l'enseignement et la discipline, et sur les infractions au règlement intérieur de l'école commises par les élèves. Il avertit ou réprimande les élèves signalés pour la faiblesse de leurs notes.

Le conseil d'ordre se compose :

Du directeur de l'école, président ;

Du sous-directeur ;

Du directeur des études ;

Et du sous-directeur des études ;

Enfin, d'un membre du conseil de l'école délégué chaque mois.

Les punitions qui peuvent être infligées aux élèves sont ;

1° La censure particulière prononcée par le conseil d'ordre ;

2° La réprimande prononcée par le même conseil avec ou sans comparution devant le conseil de l'école ;

3° La réprimande prononcée par le conseil de l'école, avec ou sans la mise à l'ordre de l'école ;

4° Le renvoi de l'école prononcé par le Ministre, sur la proposition du conseil de l'école et l'avis du directeur.

Toute réprimande prononcée par le conseil de l'école est communiquée aux parents.

Dans les cas graves, le conseil d'ordre peut ordonner l'exclusion provisoire d'un élève. Dans le délai de quinze jours au plus tard, le conseil de l'école est appelé à se prononcer sur la mesure, de telle sorte que le Ministre puisse statuer lui-même dans le plus bref délai possible.

DÉPENSES ET REVENUS DE L'ÉCOLE CENTRALE.

Le nombre total des élèves présents à l'école étant d'environ 500, soit environ 200 en première année, 160 en seconde et 140 en troisième.

Le nombre total	des professeurs est de. 21	
	des répétiteurs. 15	
	des préparateurs. 3	46
	des chefs de travaux graphiques, topographique, chimique, etc. 7	

Le traitement du corps enseignant composé comme ci-dessus est de. . . . . . 142,200[f]

A reporter. . . . . 142,200[f]

Report....................	142,200^f
Le traitement de la direction, de l'inspection et de l'administration est de..	71,500
Le traitement des hommes de service de tout ordre et toutes classes, de....	15,620
Les frais d'examen d'admission (jury de concours) s'élèvent à...........	5,700
Les allocations supplémentaires pour les examens de concours...........	3,180
Le montant annuel des indemnités, gratifications, étrennes etc. s'élève à...	5,200
Le total des dépenses exclusivement afférentes au personnel est donc de....	240,400

Il est payé en outre pour rentes viagères, annuités, pensions alimentaires etc.   20,000^f

Les dépenses du matériel sont :

Pour la bibliothèque, les collections, la préparation des cours, les manipulations des élèves, de............................. 27,600^f

Le loyer de l'hôtel occupé par l'école....,......:............ 20,000   } 119,600

L'entretien des immeubles et du mobilier................. 20,000

La dépense totale annuelle est de...,......................... 380,000

Admettant une recette annuelle minima [1] de....................... 420,000

Il reste un bénéfice minimum de........................... 40,000^f

[1] Cette recette ne se composant pas seulement du prix d'enseignement payé par les élèves, mais se composant encore de l'intérêt d'une somme d'environ 400,000 francs qui est en réserve, des fournitures, etc.

PROGRAMME

CONDITIONS RELATIVES A L'ADMISSION DES ÉLÈVES.

CONDITIONS GÉNÉRALES.

L'École impériale centrale des arts et manufactures, fondée en 1829, et devenue, aux termes de la loi du 19 juin 1857, établissement de l'État, est placée dans les attributions et sous l'autorité directe du Ministre de l'agriculture, du commerce et des travaux publics. Elle demeure spécialement destinée à former des ingénieurs pour toutes les branches de l'industrie et pour les travaux et services publics dont la direction n'appartient pas nécessairement aux ingénieurs de l'État.

Des *diplômes d'ingénieur des arts et manufactures* sont délivrés chaque année par le Ministre aux élèves désignés par le conseil de l'école, comme ayant satisfait d'une manière complète à toutes les épreuves du concours. Des *certificats de capacité* sont accordés à ceux qui, n'ayant satisfait que partiellement aux épreuves, ont néanmoins justifié de connaissances suffisantes sur les points les plus importants de l'enseignement. Le *Moniteur* publie la liste des élèves qui ont obtenu le diplôme ou le certificat de capacité.

L'école ne reçoit que des élèves externes. Les étrangers y peuvent être admis comme les nationaux; leur admission a lieu aux mêmes conditions.

Les élèves ne portent aucun uniforme ni aucun autre signe distinctif.

La durée des études est de trois ans.

Le prix de l'enseignement, y compris les frais qu'entraînent les diverses manipulations, est de 800 francs par an, exigibles en trois termes ainsi qu'il suit :

> La veille de l'ouverture des cours.......... 400 fr.
> Le 1er février 200
> Le 1er mai............................. 200

Toute somme versée demeure acquise à l'établissement.

Indépendamment des 800 francs, les élèves sont tenus de verser à la caisse de l'école, au commencement de chaque année, une somme de 35 francs, destinée à garantir le payement des fournitures qui leur sont faites dans le courant de chaque trimestre, et des objets perdus, cassés ou détériorés par leur faute. Ce dépôt, qui doit, à chaque époque de versement, être maintenu au total de 35 francs, leur est remboursé à la fin de l'année, ou lorsqu'ils quittent l'école pour une cause quelconque, sur le vu de la quittance délivrée par l'agent comptable pour solde de leur compte définitif.

Chaque élève, en entrant à l'école, doit être pourvu d'objets dont la nomenclature lui est envoyée en même temps que sa lettre d'admission. L'école se charge, à la demande des familles, de fournir ces objets aux prix indiqués sur le bordereau.

Des subventions peuvent être accordées par l'État aux élèves qui se recommandent à la fois par l'insuffisance constatée des ressources de leur famille et par leur rang de classement, soit à la suite des examens d'admission, soit après les épreuves de passage d'une division dans la division supérieure. Ces subventions ne sont accordées que pour un an ; mais elles peuvent être continuées, ou même augmentées en faveur des élèves qui s'en rendent dignes par leur conduite et par leurs progrès.

Les subventions sur les fonds de l'État peuvent être cumulées avec les allocations accordées aux élèves par les départements et les communes.

Le montant de ces subventions est versé à la caisse de l'école au moyen d'un mandat ordonnancé au nom de l'agent comptable, qui en donne quittance.

Si la somme des subventions obtenues par un élève dépasse le prix de l'enseignement, le surplus lui est payé chaque mois par douzième, à titre de pension alimentaire.

Les candidats qui désirent avoir part aux subventions de l'État doivent en faire la déclaration par écrit, *avant le 15 juillet,* à la préfecture de leur département. Cette déclaration est accompagnée d'une demande adressée au Ministre, appuyée de leur extrait de naissance et d'un certificat de moralité délivré par le chef de l'établissement dans lequel ils ont accompli leur dernière année d'études, ou, à défaut, par le maire de leur dernière résidence.

La demande est communiquée par le préfet au conseil municipal du domicile de la famille du candidat, à l'effet, par ce conseil, de vérifier si la famille est dépourvue des ressources suffisantes pour subvenir à l'entretien de l'élève à Paris, et au payement total ou partiel du prix de l'enseignement pendant la durée des études.

Le préfet transmet au Ministre, *avant le 15 septembre,* la délibération motivée du conseil municipal avec les pièces justificatives à l'appui, et il y joint son avis personnel.

MODE ET CONDITIONS D'ADMISSION DES ÉLÈVES.

Nul n'est admis à l'école que par voie de concours.

Le concours est public en ce qui concerne l'examen oral ; il a lieu tous les ans à Paris, et comprend deux sessions distinctes, entre lesquelles les candidats ont le droit d'opter.

Pour être admis à concourir, il suffit d'en faire la demande par écrit, *avant le 15 juillet,* pour la 1re session et *avant le 15 septembre* pour la 2e session. Cette demande, rédigée dans la forme indiquée ci-dessous [1], doit être adressée à M. le secrétaire du jury de concours pour

[1] Je soussigné (nom et prénoms), né à   , département de   , le (jour, mois, année), domicilié à   , département de   , déclare mon intention de prendre part, cette année, au concours pour l'admission à l'École impériale centrale des arts et manufactures — *première* (ou *deuxième*) session.

Je ne demande aucune subvention de l'État.

Ou bien : J'ai adressé le (jour, mois), à M. le préfet du département de   , pour être transmise à Son Exc. le Ministre de l'agriculture, du commerce et des travaux publics, une demande de subvention de l'État.

La lettre de convocation pour le concours devra m'être adressée à   , chez M. (nom, profession, demeure) :

A   le   186 .

(Signature du candidat.)

5.

l'admission à l'École impériale centrale des arts et manufactures, rue des Coutures-Saint-Gervais, n° 1.

Les épreuves consistent en compositions écrites et en examens oraux qui portent sur les connaissances ci-après :

1° La langue française ;
2° L'arithmétique ;
3° La géométrie élémentaire ,
4° L'algèbre jusqu'à la théorie générale des équations exclusivement ;
5° La trigonométrie rectiligne ;
6° La géométrie analytique ;
7° La géométrie descriptive jusqu'aux surfaces gauches exclusivement ;
8° Toute la partie de la physique qui précède la chaleur dans l'enseignement des lycées ;
9° En chimie, les généralités et les métalloïdes ;
10° L'histoire naturelle ;
11° Le dessin à main levée, le dessin au trait et le lavis.

Toutes les matières comprises dans le programme détaillé publié au *Moniteur* du 2 mai 1861 (reproduit ci-après, page 533) sont également obligatoires. Les candidats dont les connaissances sur l'une quelconque des matières seraient reconnues insuffisantes ne pourront être admis.

Les compositions écrites peuvent s'appliquer à toutes les divisions du programme ; une rédaction correcte et méthodique, ainsi qu'une écriture régulière et très-lisible, en sont des conditions essentielles. Les candidats exécuteront en outre, sous les yeux d'un surveillant, une épure de géométrie descriptive et un dessin architectural renfermant des parties ornementées, que le candidat doit reproduire à une échelle réduite, d'après un dessin modèle. Une partie déterminée de ce dessin devra être lavée à teintes plates.

Les compositions écrites auront lieu les 5, 6 et 7 août pour la 1re session du concours, et les 15, 16 et 17 octobre pour la 2e session.

Les examens oraux de chacune des deux sessions du concours succèdent, à quelques jours de distance, aux compositions écrites.

Les candidats, en se présentant au secrétariat de l'école au jour fixé par leur lettre de convocation, doivent :

Justifier qu'ils ont eu dix-sept ans accomplis au 1er janvier de l'année dans laquelle ils se présentent au concours ;

Produire un certificat de vaccine et un certificat de moralité délivré par le chef de l'établissement dans lequel ils ont accompli leur dernière année d'études, ou, à défaut, par le maire de leur dernière résidence.

Les dépenses qu'entraîne le concours d'admission sont à la charge de l'école ; les candidats n'ont rien à payer pour les frais d'examen.

Après la clôture du concours, la liste des élèves admis est définitivement arrêtée par le Ministre, sur la proposition du conseil de l'école, et publiée au *Moniteur*. «

Tout candidat nommé élève qui ne se sera pas présenté au directeur le 9 novembre sera considéré comme démissionnaire.

Les parents qui ne résident pas à Paris sont tenus d'y avoir un correspondant qui puisse les représenter auprès du directeur de l'école et surveiller la conduite de l'élève hors de l'établissement,

Paris, le 17 mars 1864.

Le Ministre de l'Agriculture, du Commerce et des Travaux publics,

Armand BÉHIC.

PROGRAMME DÉTAILLÉ DES CONNAISSANCES EXIGÉES POUR L'ADMISSION A L'ÉCOLE IMPÉRIALE CENTRALE.

ARITHMÉTIQUE.

Nombres entiers. — Les quatre opérations principales sur les nombres entiers. — Emploi du complément arihmétique pour substituer l'addition à la soustraction. — Un produit est indépendant de l'ordre de ses facteurs et de la manière dont ils peuvent être groupés s'il y en a plus de trois. Exemple : $a.b,o.d.e.f = e.b.(d.a)(f.c)$. Conséquences de ce principe quand un ou plusieurs facteurs sont terminés par des zéros. — Le produit de deux nombres entiers a autant de chiffres qu'il y en a dans les deux facteurs ensemble ou un de moins.

Décomposition d'un nombre en ses facteurs premiers. — Le produit de plusieurs nombres premiers n'est divisible par aucun autre nombre premier. — Caractères de la divisibilité d'un nombre par 2, 3, 5, 9, et application dite *preuve par* 9. — Recherche du plus grand commun diviseur de deux nombres et en général de plusieurs nombres. — Détermination du plus petit multiple de plusieurs nombres.

Fractions ordinaires. — Définition des fractions. — Définitions de la multiplication et de la division, applicables aussi bien quand le multiplicateur et le quotient sont fractionnaires que lorsqu'ils sont entiers. Divers usages de la division.

Toute fraction multipliée par son dénominateur produit le numérateur. — Le quotient *complet* de la division d'un nombre entier par un autre est une fraction qui a pour numérateur le dividende et pour dénominateur le diviseur; l'opération, appelée division des nombres entiers, donne la partie *entière* du quotient. On ne change pas la valeur d'une fraction si on multiplie ou divise ses deux termes par un même nombre. — Réduire une fraction à sa plus simple expression. — Amener plusieurs fractions au plus simple dénominateur commun. — Addition et soustraction des fractions.

Produit de plusieurs fractions. Il est indépendant de l'ordre des facteurs. — Division d'un nombre quelconque par une fraction. On ne change pas le quotient en multipliant ou divisant le dividende et le diviseur par un nombre entier ou fractionnaire. — La multiplication et la division des fractions se ramenant à des multiplications sur des nombres entiers, les élèves doivent être exercés à supprimer les facteurs communs aux deux termes de la fraction résultante avant d'effectuer les multiplications.

Si plusieurs fractions sont égales et qu'on les ajoute terme à terme, c'est-à-dire qu'on prenne pour numérateur la somme des numérateurs et pour dénominateur celle des dénominateurs, la nouvelle fraction est égale aux premières ; mais si celles-ci sont inégales, la nouvelle fraction obtenue est comprise entre la plus petite et la plus grande des fractions primitives. Application de ce théorème au cas particulier d'une fraction et de l'unité sous la forme $\dfrac{m}{m}$. — Propriétés et calcul de la moyenne arithmétique de deux et en général de plusieurs nombres.

Fractions décimales. — Les quatre opérations principales sur les fractions décimales.

La division d'un nombre entier ou fractionnaire décimal par un autre se ramène toujours, par le déplacement des virgules décimales, au cas où le diviseur est un nombre entier terminé par un chiffre *autre que zéro.*

Transformation d'une fraction ordinaire en fraction décimale, et réciproquement. — Notions principales sur les fractions périodiques.

Détermination du degré d'exactitude certaine du résultat d'une des quatre opérations principales, quand un ou plusieurs des nombres donnés ne sont qu'approximatifs à moins d'une demi-unité près de l'ordre de leur dernier chiffre.

Système métrique décimal. — Connaissance complète du système métrique décimal.

Les élèves doivent savoir tracer sur le tableau, sans l'aide d'aucune mesure, à moins d'un dixième près, la longueur d'un mètre, d'un ou de plusieurs décimètres, d'un ou de plusieurs centimètres.

Définitions de l'are, de l'hectare, du litre, du kilolitre, du gramme, du kilogramme, du tonneau de mille kilogrammes, tirées chacune immédiatement de la connaissance du mètre et de ses subdivisions. — Définition du franc.

Une quantité concrète étant rapportée à une unité quelconque du système métrique, trouver, par le simple déplacement de la virgule, l'expression de la même grandeur quand l'unité est prise parmi les multiples ou sous-multiples décimaux de la première, notamment quand le mètre carré et le mètre cube sont remplacés, comme unités, l'un par le décimètre carré, le centimètre carré..., l'autre par le décimètre cube, le centimètre cube..., et réciproquement.

Application des quatre opérations principales à des questions sur des quantités exprimées d'après le système métrique décimal.

Anciens nombre complexes. — Les quatre principales opérations sur les nombres complexes dans les cas les plus ordinaires.

ALGÈBRE.

Les quatre règles sur les monômes, les polynômes et les fractions algébriques.

Résolution et discussion des problèmes déterminés du premier degré à une ou plusieurs inconnues, en insistant sur la pratique du calcul. — Faire voir que les solutions négatives satisfont *algébriquement* aux équations d'où elles sont déduites, et indiquer par des exemples le parti qu'on en tire dans la résolution des problèmes.

Proportions. — Ce qu'on entend par deux quantités commensurables. L'expression la plus simple de leur rapport est donnée par deux nombres entiers premiers entre eux. Deux fractions abstraites ou affectant une même unité concrète sont dans ce cas. — On ne change pas un rapport en multipliant ses deux termes par un même nombre plus grand ou plus petit que 1. — Ce qu'on entend par le rapport approché (par exemple à un centième, à un millième près...) de deux quantités de même nature qui peuvent être commensurables ou incommensurables.

Toute proportion entre des quantités commensurables deux à deux peut être mise sous la forme $mA : nA :: mB : nB$, m et n étant deux nombres abstraits, A et B deux quantités de nature quelconque. On peut déduire de cette considération toutes les propriétés des proportions.

Deux quantités variables dépendant l'une de l'autre, qu'entend-on lorsqu'on dit que les valeurs de la première sont directement ou réciproquement proportionnelles aux valeurs correspondantes de la deuxième? — Règle de trois directe, inverse.

Si une quantité z varie en raison directe de certaines variables p, q,... et en raison inverse d'autres variables t, u,..., faire voir qu'on a $z = k \dfrac{p \cdot q \dots}{t \cdot u \dots}$, en désignant par k un coefficient constant qui se détermine quand on connaît un système de valeurs simultanées z', p', q',... t', u',... des variables.

Application : règle de trois composée.

Partage d'un nombre en parties proportionnelles deux à deux à des nombres entiers et fractionnaires donnés (procédé de la règle de société).

Étant connu le rapport d'une quantité à une autre, de celle-ci à une troisième, de la troisième à une quatrième, et ainsi de suite, trouver le rapport de la première à la quatrième. — Questions et procédés connus sous les noms du règles conjointe et d'arbitrage.

Extraction des racines carrée et cubique des nombres entiers ou fractionnaires avec un degré déterminé d'approximation. Si l'on opère sur un nombre entier ou décimal, à quel caractère reconnaît-on que le résultat est exact à moins d'une demi-unité près de l'ordre du dernier chiffre ?

Généralités sur les équations à une seule inconnue.

Détermination du degré d'une équation à une seule inconnue par la disparition des dénominateurs inconnus et la réduction de l'équation à la forme d'un polynôme en x égalé à zéro. Démontrer que si x' est une des valeurs de l'inconnue, ce polynôme est divisible par $x - x'$, ce qui permet d'abaisser le degré de l'équation.

Résolution et discussion des équations du deuxième degré et des équations biquarrées à une inconnue. — Problèmes à plusieurs inconnues, qui par l'élimination se ramènent aux cas précédents.

Binôme de Newton, dans le cas de l'exposant entier positif, fondé sur la théorie des combinaisons.

Puissances et racines des monômes. — Théorie des exposants négatifs ou fractionnaires.

Propriétés des logarithmes considérés comme exposants variables. — Usage des tables les plus simples. — Applications diverses en insistant, dans le cas de l'extraction des racines, sur la modification à faire subir à la caractéristique lorsqu'elle est négative.

Progressions par différence et par quotient. — Relations entre le premier terme, le dernier, la raison, le nombre des termes et leur somme. — Limite de la somme des termes d'une progression décroissante. — Insertion de moyens. — Questions principales d'intérêt composé, comprenant les annuités.

Notions sur l'homogénéité des équations algébriques entre des quantités concrètes.

Théorie et usage de la règle à calcul.

Mesure des droites, des arcs de même rayon, des angles à l'aide de celle des arcs ayant les sommets pour centre.

Propriétés des perpendiculaires, des obliques, des parallèles. On admet comme évident qu'une perpendiculaire et une oblique à une même droite se rencontrent.

Somme des angles d'un triangle et d'un polygone quelconque.

Conditions de l'égalité des triangles et des figures rectilignes. On distinguera pour les figures situées dans un même plan, l'égalité directe de l'égalité par renversement qui a lieu quand l'une des figures ne peut coïncider avec l'autre qu'en la détachant du plan et la retournant; deux figures planes dont les points se correspondent symétriquement par rapport à un axe, sont dans ce dernier cas.

Lignes proportionnelles qui résultent de droites coupées par des parallèles. — Similitude (directe ou par renversement) des triangles et des figures planes rectilignes. — Bissectrice d'un angle intérieur ou extérieur d'un triangle. — Deux droites antiparallèles par rapport à un angle déterminent deux triangles semblables par renversement.

Propriétés du triangle rectangle. — Relation numérique entre les trois côtés d'un triangle quelconque et la projection d'un côté sur l'un des deux autres. — Autre relation entre les trois côtés et la ligne droite qui joint un sommet au milieu du côté opposé.

Tracé de la circonférence par trois points. — Tangente. — Conditions pour que deux circonférences soient l'une extérieure ou intérieure à l'autre, pour qu'elles se touchent ou se coupent; propriété de la corde commune et de la ligne des centres.

Détermination du nombre de degrés d'un angle par celui des arcs que ses côtés déterminent sur une circonférence qu'ils rencontrent ou touchent.

Tangente à deux cercles. — Cercle tangent à une ou plusieurs droites.

Si une droite tourne dans un plan en passant par un point fixe et rencontrant une circonférence, les deux distances du point fixe aux intersections simultanées sont deux variables réciproquement proportionnelles.

Moyenne proportionnelle entre deux droites (divers procédés). — Partage d'une droite en moyenne et extrême raison. — Trouver l'expression numérique de chaque partie, la ligne entière étant prise pour unité.

Trouver graphiquement la longueur d'une ligne exprimée algébriquement en fonction de lignes connues, soit sans radicaux, soit avec des radicaux du deuxième degré.

Propriétés principales du parallélogramme, du losange, du trapèze, des polygones réguliers. — Rapports des côtés du quarré, de l'hexagone régulier, du triangle équilatéral, du décagone régulier, au rayon du cercle circonscrit.

Calcul du rapport de la circonférence au diamètre.

Relation entre le nombre de degrés d'un arc, sa longueur et celle du rayon.

Calcul des aires des figures planes et rectilignes. — De l'aire du cercle, d'un secteur. — Rapport des aires des polygones semblables, de deux cercles, de deux secteurs. — Tracé des figures planes, leur réduction et leur amplification dans un rapport donné. — Échelles.

Propriétés d'une ou plusieurs droites perpendiculaires à un plan. — Mesure de l'inclinaison d'une droite par rapport à un plan. — Mesure de l'angle de deux plans. — Parallélisme des droites et des plans. — Propriétés principales des angles polyèdres. — Étant données les trois faces d'un angle trièdre, déterminer ses trois angles dièdres, et réciproquement. — Étant données deux faces et l'angle dièdre compris, déterminer la troisième face. — Lignes proportionnelles résultant de l'intersection de droites coupées par des plans parallèles.

Notions générales sur la similitude, comprenant comme cas particulier les figures planes.

Propriétés principales des polyèdres les plus simples, du cylindre et du cône de révolution, de la sphère. — Trouver le rayon d'une sphère par une construction plane.

Somme des aires des faces latérales d'un prisme, déterminée par le périmètre de sa section droite et la longueur commune des arêtes latérales; application à la surface convexe d'un cylindre. — Surface convexe du cône droit, du cône tronqué, d'une calotte sphérique, d'une sphère. — Rapport des surfaces des corps semblables.

Volume des corps terminés par des plans. — Volume d'un prisme triangulaire à bases parallèles ou non, soit en fonction de l'aire de l'une des bases et des hauteurs relatives à cette base, soit en fonction de l'aire de la section droite et des longueurs des arêtes latérales.

Volume du cylindre droit, du cône, de la sphère, d'un segment sphérique en fonction de sa hauteur et du rayon de la sphère.

Rapport des volumes des corps semblables.

GÉOMÉTRIE DESCRIPTIVE.

§ 1er. — Connaissances relatives aux droites et aux plans.

Représentation des points et des lignes par leurs projections orthogonales sur deux plans qui se coupent à angle droit.

Une droite étant donnée, trouver sa trace et son inclinaison sur chacun des plans de projection. — Trouver la distance de deux points donnés. — Représentation d'un plan par les projections de trois de ses points ou par ses traces sur les deux plans de projection.

Trouver les traces d'un plan déterminé par trois points ou bien par deux droites qui se coupent, ou encore par deux parallèles, ou enfin par un point et une droite.

Par un point donné, mener un plan parallèle à un plan donné.

Un plan étant donné par ses traces, ou plus généralement par trois de ses points, connaissant l'une des projections d'un point ou d'une droite de ce plan, trouver l'autre projection.

Trouver l'intersection de deux plans donnés.

Construire l'intersection d'une droite avec un plan. — Par un point donné construire une droite qui rencontre deux droites données.

Par un point donné, mener une perpendiculaire à un point donné. — Distance du point au plan. — Distance d'un point donné à une droite donnée. — Trouver sur la droite deux points dont la distance au premier point est donnée.

Trouver l'angle de deux droites données. — Trouver l'angle formé par une droite donnée et un plan donné.

Mener une droite qui fasse un angle assigné avec chaque plan de projection. — Trouver les angles que forme un plan donné avec les plans de projection.

Conduire un plan qui fasse un angle donné avec chaque plan de projection.

Trouver l'angle compris entre deux plans donnés.

Trouver la plus courte distance de deux droites données.

Changement de plan de projection par rapport à un point, à une droite et à un plan.
Rotation d'un point, d'une droite, d'un plan, autour d'un axe donné.

Connaissant trois des six éléments d'un angle trièdre, trouver les trois autres.

Construction et représentation graphique des cinq polyèdres réguliers. — Développement de ces polyèdres sur un plan. — Mesure de l'inclinaison de deux faces contiguës à la même arête.

§ 2. — Plans cotés.

Représentation par projection sur un plan de comparaison avec cotes, d'un point et d'une droite. — Une droite étant représentée par sa projection avec les cotes de deux de ses points, construire son échelle de pente. — Trouver la cote d'un de ses points dont on a la projection, et réciproquement. — Trouver la vraie distance de deux de ses points dont on a les projections.

Construire l'échelle de pente d'un plan dont on connaît trois points par leurs projections et leurs cotes ou un point et une horizontale.

Trouver l'intersection de deux plans donnés par leurs échelles de pente.

Trouver l'intersection d'une droite et d'un plan donné.

Mener d'un point donné la normale à un plan, trouver son pied dans le plan et sa longueur. — Trouver l'angle de deux droites données. — Trouver la plus courte distance d'un point à une droite. — Trouver la plus courte distance de deux droites quelconques.

§ 3. — Connaissances relatives aux surfaces et aux plans tangents.

Représentation d'une courbe par ses projections orthogonales sur deux plans à angle droit.

La tangente à une courbe se projette suivant la tangente à la projection de cette courbe.

Génération des surfaces. — Faire voir comment la méthode des projections orthogonales sur deux plans à angle droit s'applique à la représentation graphique des surfaces, en prenant pour exemple les surfaces coniques et cylindriques, les cinq surfaces du second ordre et les surfaces de révolution en général.

Plan tangent. — Ses propriétés pour les cônes, les cylindres et les surfaces de révolution. Contour apparent de ces surfaces sur les plans de projection.

Mener un plan tangent à une surface cylindrique ; 1° par un point pris sur la surface ; 2° par un point pris hors de la surface ; 3° parallèlement à une droite donnée.

Par un point pris sur une surface de révolution dont on connaît la méridienne, mener un plan tangent à cette surface.

§ 4. — Problèmes relatifs aux intersections de surfaces.

Construire la section faite sur la surface d'un cylindre droit et vertical par un plan perpendiculaire à l'un des plans de projection. — Mener la tangente à la courbe d'intersection. — Faire le développement de la surface cylindrique et y rapporter la courbe d'intersection ainsi que la tangente. Construire l'intersection d'un cône droit par un plan perpendiculaire à l'un des plans de projection. — Développement et tangente.

Construire la section droite d'un cylindre oblique (pour simplifier les constructions, on emploiera la méthode du changement des plans de projection). — Mener la tangente à la courbe d'intersection. — Faire le développement de la surface cylindrique et y rapporter la courbe qui servait de base ainsi que ses tangentes.

Construire l'intersection d'une surface de révolution par un plan et les tangentes à la courbe d'intersection — Résoudre cette question lorsque la figure génératrice est une droite qui ne rencontre pas l'axe.

Construire l'intersection de deux surfaces cylindriques et les tangentes à cette courbe.

Construire l'intersection de deux cônes obliques et les tangentes à cette courbe.

Construire l'intersection de deux surfaces de révolution dont les axes sont dans un même plan : 1° parallèles; 2° se rencontrant. — Tangentes.

TRIGONOMÉTRIE.

Lignes ou rapports trigonométriques. — *Ces quantités positives ou négatives, au nombre de six, tirent leur dénomination de la considération des lignes tracées dans le plan d'une circonférence dont le rayon est pris pour unité ; elles sont définies sans ambiguïté par les rapports entre les coordonnées rectangulaires d'un point et le rayon vecteur, qui, joignant ce point à l'origine, fait avec l'axe des abscisses l'angle positif ou négatif que l'on considère. Dans ces rapports les coordonnées sont prises avec leurs signes et le rayon vecteur est essentiellement positif. — Aux mêmes rapports trigonométriques répondent une infinité d'angles positifs ou négatifs qui diffèrent entre eux d'une ou plusieurs fois quatre angles droits.*

Si l'on se donne la valeur, y compris le signe, d'un des rapports trigonométriques et le signe de l'un des cinq autres, on en conclut ces cinq quantités y compris leurs signes.

Relations entre les rapports trigonométriques de deux angles dont la somme ou la différence est exprimée par un ou plusieurs angles droits.

Expression de $\sin (a \pm b)$ *et de* $\cos (a \pm b)$ *en fonction de* $\sin a$, $\cos a$, $\sin b$ *et* $\cos b$. — *L'une quelconque de ces formules se déduit immédiatement de l'expression de la projection d'un chemin polygonal sur un axe.* —*Une des quatre formules étant obtenue, on peut en conclure chacune des trois autres, soit en changeant le signe d'un angle, soit en remplaçant a par* $90°$ — a.

Principales formules qu'on déduit des quatre précédemment établies :

$$\sin 2a = 2\sin a \cos a \; ; \qquad \cos 2a = 1 - 2\sin^2 a = 2\cos^2 a - 1$$

$$\sin \frac{a}{2} = \sqrt{\frac{1 - \cos a}{2}} \qquad\qquad \cos \frac{a}{2} = \sqrt{\frac{1 + \cos a}{2}}$$

$$\tang (a \pm b) = \frac{\tang a \pm \tang b}{1 \mp \tang a \tang b}$$

$$\sin p + \sin q = 2\sin \frac{p+q}{2}\cos \frac{p-q}{2} \quad\cdot\quad \frac{\sin p + \sin q}{\sin p - \sin q} = \frac{\tang \dfrac{p+q}{2}}{\tang \dfrac{p-q}{2}}$$

$$\sin p - \sin q = 2\cos \frac{p+q}{2}\sin \frac{p-q}{2}$$

Résolution des triangles rectangles et des triangles obliquangles. — Usage des tables de logarithmes. — Applications diverses les plus utiles.

Traduction trigonométrique de la construction géométrique qui conduit à la détermination d'un angle dièdre A dans un trièdre dont on connaît les trois faces a, b, c.

$$\cos a = \cos b \cos c + \sin b \sin c \cos A$$

GÉOMÉTRIE ANALYTIQUE.

Généralités sur l'expression de la position d'un point dans un plan par deux coordonnées, no-

tamment : 1° par deux coordonnées rectilignes parallèles à deux axes partant d'une origine commune ; 2° par la distance dite *rayon vecteur* du point dont il s'agit à un point fixe appelé *pôle* ou *foyer*, et par sa distance à une droite ; 3° par le rayon vecteur et par la projection de ce rayon sur une droite partant du pôle, ou bien encore par le rayon vecteur et l'angle qu'il fait avec l'axe partant du pôle (coordonnées polaires) ; 4° par les deux distances du point à deux points fixes donnés (coordonnées bi-polaires ou focales).

Questions spéciales au cas de coordonnées parallèles à deux axes. — Transformation des coordonnées ; 1° par le déplacement de l'origine, les nouveaux axes étant parallèles aux premiers : 2° par le déplacement angulaire des axes. — Distance de deux points en fonction de leurs coordonnées rectangulaires.

Expression par les équations des lieux géométriques situés dans un plan.

Équation de la ligne droite rapportée à deux axes partant d'un point. — Cette équation est nécessairement du premier degré. Signification des constantes positives ou négatives *a* et *b* de l'équation $y = ax + b$. Réciproque de la proposition précédente. — Distance d'un point (x', y') à une droite $(y = ax + b)$ rapportée à des axes rectangulaires. — Équation d'une droite passant par un point donné (x', y') et parallèle à une droite donnée, ou d'une droite passant par deux points donnés (x', y'), (x'', y''), les axes étant quelconques. — Équation d'une droite passant par un point donné (x', y') et perpendiculaire à la droite $y = ax + b$, les coordonnées étant rectangulaires. — Les équations de toutes les droites qui passent au point de rencontre de deux droites exprimées par $y = ax + b$ et $y = a'x + b'$ sont comprises dans la formule

$$(y - ax - b) + m(y - a'x - b) = 0$$

m étant une constante spéciale pour chacune des droites concourantes dont il s'agit.

Équation du cercle rapporté à des axes rectangulaires. — Cas divers où le centre est à l'origine ou en un point quelconque du plan, ou sur l'un des axes, la circonférence passant par l'origine des coordonnées. Conséquences immédiates de ces diverses formes de l'équation du cercle. — Toute équation de la forme $y^2 + x^2 + Dy + Ex + F = 0$ peut être ramenée à la forme

$$(y - \beta)^2 + (x - \alpha)^2 = \rho^2.$$

et exprime par conséquent un cercle lorsque les coordonnées sont rectangulaires.

Trouver le lieu des points M dont les distances MA et MB à deux points fixes A et B sont dans un rapport constant. — Trouver le lieu des points M, M', M'',... tels que les distances AM, AM', AM'',... à un point fixe A, sont réciproquement proportionnelles aux distances AN, AN', AN'',...; les points N, N', N''... étant ceux où les droites AM, AM', AM'',... prolongées au besoin, rencontrent une droite fixe.

Équations de l'ellipse et de l'hyperbole, déduites de leurs propriétés focales. — Chacune des relations $\rho' + \rho = 2a$ et $\rho' - \rho = 2a$ suffit pour définir et donner le moyen de construire, soit une ellipse, soit une hyperbole. La première est limitée en tous sens, la seconde illimitée. Chacune a un centre et deux diamètres conjugués rectangulaires. — Trouver les équations de ces deux courbes en coordonnées rectangulaires.

Discuter l'équation $\dfrac{x^2}{a^2} + \dfrac{y^2}{b^2} = 1$. Centre, grand diamètre et petit diamètre, diis *grand axe* et *petit axe*. — Ellipse comparée au cercle décrit sur l'un de ses axes comme diamètre.

Étude géométrique élémentaire de l'ellipse considérée comme projection orthogonale d'un cercle sur un plan. Diamètres conjugués, cordes supplémentaires, aire de l'ellipse.

Discuter l'équation $\dfrac{a^2}{a^2}=1$. Axe transversal, axe imaginaire. Asymptotes.

Hyperboles conjuguées, ayant les mêmes asymptotes. Hyperbole équilatère.

Équation de la parabole déduite de sa propriété polaire $\rho = x\dfrac{p}{2}$.

Sommet, diamètre principal, paramètre $2p$ égal à la double ordonnée, ou corde menée par le foyer perpendiculairement à ce diamètre.

Équations de l'ellipse, de l'hyperbole et de la parabole en coordonnées polaires. — La recherche *précédente des équations de ces courbes en coordonnées rectangulaires a conduit aux relations :*

$$\rho = a - \frac{cx}{a} \text{ et } \rho' = a + \frac{cx}{a} \text{ pour l'ellipse,}$$

$$\rho = \frac{cx}{a} - a \text{ et } \rho' = a + \frac{cx}{a} \text{ pour l'hyperbole,}$$

de sorte que cette dernière exprime une ellipse ou une hyperbole suivant que c est plus petit ou plus grand que a.

On en conclut : 1° *Dans ces deux courbes, comme dans la parabole, le rayon vecteur partant d'un foyer est une fonction du premier degré de l'abscisse rectangulaire comptée sur l'axe principal à partir d'un quelconque de ses points.* 2° *Si l'on prend sur le grand axe de l'ellipse ou sur l'axe transverse de l'hyperbole, de part et d'autre du centre, deux points dont la distance à ce centre soit* $\dfrac{a^2}{c}$, *et qu'on y élève deux perpendiculaires audit axe, appelées* directrices, *la distance d'un point quelconque* M *de la courbe à un des deux foyers est à la distance du même point* M *à celle des deux directrices qui est la plus rapprochée du même foyer, dans un rapport constant exprimé par* $\dfrac{c}{a} < 1$ *dans l'ellipse, et* > 1 *dans l'hyperbole. Démontrer les réciproques de ces propositions.* 3° *Si, dans l'ellipse et dans l'hyperbole, on désigne par* α *l'angle qu'un rayon vecteur fait avec l'axe pris positivement dans le sens allant du foyer au sommet le plus voisin, on peut substituer dans les expressions précédentes de* ρ *la valeur de x tirée de l'équation* $\rho\cos\alpha = x - c$ *pour l'ellipse et* $\rho\cos\alpha = c - x$ *pour l'hyperbole. En remplaçant de plus c par e, le rapport e étant ce qu'on nomme l'excentricité, on obtient*

$$\rho = \frac{a(1-e^2)}{1+e\cos\alpha} \text{ pour l'ellipse et } \rho = \frac{a(e^2-1)}{1+e\cos\alpha} \text{ pour l'hyperbole.}$$

Par $\alpha = 90°$ ρ *devient la quantité positive* $a(1-e^2)$; *dans l'ellipse, et* $a(e-1^2)$ *dans l'hyperbole. Si dans les deux cas on désigne cette quantité, ordonnée correspondante au foyer, par* p, *les deux formules précédentes sont comprises dans l'équation unique*

$$(P) \qquad \rho = \frac{p}{1+e\cos\alpha} \ldots$$

L'équation de la parabole, d'après sa propriété focale, est $\rho\cos\alpha + \rho = p$, d'où

$$\rho = \frac{p}{1 + \cos\alpha}$$

Ainsi l'équation polaire (P) exprime une ellipse, une hyperbole ou une parabole, selon l'un des trois cas $e < 1$, $e > 1$, $e = 1$.

Étude des sections faites dans un cône oblique à base circulaire par des plans perpendiculaires aux génératrices principales. Cas où le plan coupant est anti-parallèle à la base circulaire.

Équation générale du second degré. — Réduction de l'équation du second degré en coordonnées parallèles à deux axes, à sa forme la plus simple, par le changement des coordonnées. Conclusion qu'on en tire.

Construction immédiate du lieu géométrique exprimé par une équation quelconque du second degré à deux variables, coordonnées parallèles à deux axes rectangulaires ou obliques. — Caractère qui distingue chacun des trois genres de courbes. — Dans le cas où les termes en x^2 et y^2 disparaissent, l'équation, par la simple translation des axes, se réduit à la forme $xy = k$, et la courbe est rapportée à ses asymptotes. — Si le terme en x^2 manque seul, l'une des asymptotes de l'hyperbole est parallèle à l'axe des x.

DE LA LIGNE DROITE ET DU PLAN DANS L'ESPACE.

Généralités sur l'expression de la position d'un point dans l'espace par trois coordonnées.

Expression d'une droite par les équations de ses projections sur deux des trois plans coordonnés. En conclure sa projection sur le troisième plan, et ses traces sur les trois plans. — Connaissant les équations de deux droites, vérifier si elles se rencontrent, et dans le cas de l'affirmative trouver les coordonnées de l'intersection. — Relation entre les trois cosinus des angles d'une droite avec trois axes rectangulaires. — Angle de deux droites faisant avec les axes rectangulaires des angles donnés. — Connaissant les équations d'une droite rapportée à trois axes rectangulaires, trouver les angles qu'elle forme avec ces axes. — Trouver les équations d'une droite passant par un point donné et parallèle à une autre droite dont on connaît les équations ou les angles avec les axes rectangulaires.

Équation d'un plan dont on connaît les traces sur deux des plans coordonnés. — Réciproquement toute équation du premier degré à trois variables, coordonnées parallèles à trois axes, exprime un plan. — Trouver l'équation d'un plan passant par trois points donnés par leurs coordonnées. — Trouver l'équation d'un plan considéré comme contenant toutes les perpendiculaires menées à une droite par un point de cette droite, laquelle passe par l'origine.

PHYSIQUE.

But de la physique. — Phénomènes, lois physiques. — Théories. — Systèmes.

Propriétés générales des corps.

Étendue. — Mesures de longueur. — Mètre. — Vernier. — Cathétomètre. — Sphéromètre. — Machine à diviser.

Divisibilité. — Porosité. — Constitution moléculaire des corps.

Mobilité. — Mouvement relatif. — Absolu. — Mouvement uniforme. — Vitesse dans un mouvement uniforme. — Indépendance du mouvement relatif produit par une force et du mouvement uniforme d'entraînement.

Inertie. — Égalité de l'action et de la réaction.

Mouvement varié. — Vitesse dans un mouvement varié à un instant donné. — Mouvement rectiligne et uniformément varié.

DES FORCES ET DE LEUR MESURE. — Proportionnalité des forces aux accélérations qu'elles produisent. — Masse des corps. — Relation entre une force, la masse sur laquelle elle agit et l'accélération qui résulte de son action.

Composition des forces qui agissent sur un même point.

Pesanteur. — Poids. — Centre de gravité. — Équilibre d'un corps pesant : 1° suspendu par un fil; 2° mobile autour d'un axe horizontal ; 3° touchant par un point une surface horizontale. — Équilibre stable, instable, indifférent.

Pendule simple. — Interprétation de la formule $T = \pi \sqrt{\dfrac{l}{g}}$.

Pendule composé. — Centre d'oscillation. — Détermination au moyen du pendule de l'accélération produite par la pesanteur. — Cette accélération est indépendante de la nature des corps.

Balance. — Conditions de son établissement. — Conditions de stabilité et de sensibilité d'une balance. — Méthode de la double pesée.

DENSITÉ. — Densité relative d'un corps solide ou liquide (c'est le rapport du poids d'un corps au poids d'un égal volume d'eau).

Formule $P = VD$; quel choix d'unités elle suppose.

Densité des gaz relativement à l'air. — Densité des gaz relativement à l'eau.

Comment passe-t-on de l'une à l'autre.

Poids du mètre cube d'un corps solide, liquide ou gazeux dont la densité relative est donnée.

HYDROSTATIQUE.

Distinction des divers états des corps. — Solides. — Liquides. — Gaz.

Principe de Pascal : égalité de pression en tous sens.

Principe de l'égale transmission de pression.

Vérification de ces principes au moyen de la presse hydraulique. — Équilibre des liquides pesants. — Pression sur les parois des vases exprimée soit en kilogrammes par unité de surface, soit en hauteur d'une colonne de fluide. — Expériences diverses. — Machine à réaction. — Équilibre des liquides superposés. — Niveau à bulle d'air; ses usages. — Vases communiquants. — Niveau d'eau; ses usages. — Démontrer au moyen de l'appareil de Haldat que les principes de Pascal sont vérifiés par leurs conséquences.

Principe d'Archimède. — Équilibre des corps plongés. — Équilibre des corps flottants. — Détermination de la densité des solides et des liquides. — Des volumètres. — Densimètres. — Aréomètres. — Alcoomètres.

Des gaz.

De l'atmosphère. — De la pesanteur de l'air. — Détermination du poids d'un certain volume d'air.

Liquides et gaz superposés. — Extension du principe des vases communiquants. — Application au baromètre. — Construction détaillée du baromètre. — Baromètre de Fortin, —

de Gay-Lussac, — de Bunten. — Corrections barométriques. — Baromètres métalliques. — Loi de Mariotte. — Expériences de M. Regnault. — Du manomètre à air libre, — à air comprimé. — Des manomètres métalliques. — Graduation des manomètres.

Détermination de la densité des gaz.

Du voluménomètre; ses usages. — Mélange des gaz. — Expériences de Gay-Lussac.

HYDRODYNAMIQUE.

Des pompes à air. — Machine pneumatique à deux corps de pompe. — Pouvoir raréfiant. — Double épuisement. — Machine de compression. — Fontaine de compression. Pompes à eau. — Pompe aspirante et foulante. — Siphon. — Vase de Mariotte. — Pipette. — Fontaine intermittente. — Fontaine de Héron. — Tubes de sûreté.

CHIMIE.

Différents points de vue sous lesquels on peut considérer les corps. — Corps simples et composés. — Métalloïdes et Métaux. — Affinité. — Cohésion. — Dissolution. — États de la matière. — Cristallisation. — Dimorphisme. — Polymorphisme. — Isomorphisme.

Équivalents chimiques. — Nomenclature chimique parlée et écrite. — Formules chimiques.

Oxygène. Modes de préparation. — Propriétés physiques et chimiques de ce gaz.

Hydrogène. Modes de préparation. — Propriétés physiques et chimiques de ce gaz. — Combinaisons de l'hydrogène avec l'oxygène. — Eau. Propriétés physiques et chimiques. — Méthodes analytiques et synthétiques employées pour établir sa composition.

Azote. Air atmosphérique. — Différents procédés d'analyse de l'air atmosphérique. — Acide azotique anhydre et hydraté. — Préparation et purification de l'acide azotique. — Protoxide d'azote. — Bioxyde d'azote. — Acide hypoazotique. — Ammoniaque. — Circonstances dans lesquelles ce composé prend naissance. — Préparation et propriétés chimiques du gaz ammoniaque.

Phosphore. Propriétés physiques et chimiques de ce corps. — Son emploi. — Combinaisons qu'il forme avec l'oxygène. — Acide phosphorique anhydre et hydraté. — Hydrogène phosphoré gazeux, liquide et solide.

Arsenic. Acide arsénieux. — Acide arsénique. — Hydrogène arsénié gazeux. — Recherche de l'arsenic dans les cas d'empoisonnement : appareils de Marsh.

Soufre. Propriétés physiques. — Cristallisation. — Dimorphisme. — Modifications qu'il éprouve de la part de la chaleur. — Extraction du soufre. — Acide sulfureux. — Modes de préparation de ce gaz. — Caractères physiques et chimiques. — Acide sulfureux liquéfié. — Acide sulfurique anhydre, de Nordhausen et du commerce. — Préparation de ces différents acides. — Acide sulfhydrique.

Sélénium. Tellure.

Chlore. Sa préparation à l'état gazeux et en dissolution dans l'eau. — Propriétés physiques. — Hydrate de chlore. — Combinaisons du chlore avec l'oxygène. — Acide chlorydrique. — Eau régale.

Brome. Iode. Fluor.

Bore. Acide borique.

Silicium. Acide silicique.

Carbone. Examen de ses différentes variétés. — Oxyde de carbone. — Acide carbonique.
— Circonstances dans lesquelles ce gaz prend naissance. — Hydrogène protocarboné. — Sa
formation spontanée et sa préparation. — Hydrogène bicarboné. — Sulfure de carbone. —
Cyanogène et acide cyanhydrique.

HISTOIRE NATURELLE.

Physiologie. Division des fonctions. — Absorption et exhalation.

Digestion. — Appareil digestif. — Nature chimique et mécanisme de la digestion. —
Absorption digestive.

Circulation. — Sang. — Appareil circulatoire. — Mécanisme de la circulation. — Système
lymphatique.

Respiration. — Appareil respiratoire. — Mécanisme de la respiration. — Phénomènes
chimiques de la respiration. — Chaleur animale.

Sécrétions. — Structure et fonctions des principales glandes.

Système nerveux. — Structure et fonctions des différentes parties du système.

Organes des sens: structure et fonctions. — Appareil vocal.

Système osseux. — Structure, composition chimique des os. — Modes d'articulation des
os. — Squelette.

Système musculaire. — Structure et fonctions des muscles.

Zoologie. Classification du règne animal. — Division en embranchements et en classes.

Caractères particuliers des mammifères, des oiseaux, des reptiles, des poissons, des
insectes, des annélides et des acéphales.

Botanique. Notions générales d'organographie : racines, tiges, feuilles, fleurs et fruits.

Notions sur la classification de Jussieu.

DESSIN.

Les candidats devront avoir une grande habitude du dessin géométrique et architectural,
du lavis et du dessin à main levée.

Les compositions graphiques qu'ils auront à faire sous les yeux des inspecteurs de l'école
comprendront : 1° une épure de géométrie descriptive sur un des sujets compris dans le
programme ; 2° une feuille de dessin comprenant un exercice de dessin au trait, un de lavis
et un de dessin à main levée.

Le dessin au trait et le dessin lavé seront faits à une échelle réduite d'après un modèle
donné.

Les candidats présenteront en outre aux examinateurs :

1° Une collection d'épures relatives aux questions spécifiées dans le programme de géométrie descriptive et au tracé des courbes du second degré;

2° Une collection de dessins d'architecture et de machines, au trait et lavés;

3° Un cahier de croquis faits à main levée d'après des dessins d'architecture, de pièces de
machines et d'appareils de physique et de chimie.

L'école recommande d'une manière spéciale aux candidats de s'attacher, dans leurs études
de dessin, autant à la rapidité d'exécution qu'à l'exactitude des formes et à la pureté du
trait.

OBSERVATIONS.

Toutes les fois qu'il s'agira de démontrer l'égalité de deux rapports entre des quantités qui peuvent être incommensurables, on démontrera que leurs rapports approchés à un même degré d'approximation sont toujours égaux.

On préférera pour la géométrie curviligne les démonstrations par les infiniment petits ou par les limites.

Les élèves devront être exercés à traduire en nombres tous les théorèmes de la géométrie qui en sont susceptibles, et à en faire des applications.

Il a été reconnu que beaucoup d'élèves manquaient en arrivant à l'école de l'habitude de prendre des notes et de faire des croquis à main levée, pendant les leçons à l'amphithéâtre. On invite les jeunes gens qui se préparent à l'école à prendre cette habitude de bonne heure, et on engage MM. les professeurs des écoles préparatoires à surveiller cette partie de leur éducation.

INSTRUCTION SUR LA TENUE DES CAHIERS DE NOTES.

Nous croyons utile de faire précéder les programmes des cours faits à l'École centrale des instructions remises aux élèves qui suivent ces cours et aux professeurs qui examinent leurs cahiers.

Ce sont des documents qui ne sont pas sans valeur pour ceux qui tiennent à bien connaître le mécanisme de l'enseignement à l'école centrale.

Il sera ouvert un cahier de notes spécial pour chaque cours. Ce cahier doit être conforme au modèle adopté dans l'école.

Les cahiers contenant les notes prises aux différents cours de l'école sont considérés comme une des parties les plus importantes des études. Ces cahiers ne doivent pas être rédigés dans l'intervalle des leçons, les élèves n'en ont pas le temps; ils doivent être écrits à l'amphithéâtre en laissant une large marge et des blancs, au besoin, pour les compléter.

Les épures ou dessins faits au tableau par le professeur et les modèles mis sous les yeux des élèves à l'amphithéâtre doivent être copiés sur le cahier de notes au crayon.

Le soir, les cahiers doivent être complétés et étudiés, les calculs indiqués pendant la leçon seront détaillés, les mots omis seront rétablis, les lacunes seront comblées, soit de mémoire, soit en s'aidant des cahiers d'un autre élève, soit enfin en consultant les cours lithographiés ou les ouvrages recommandés par le professeur, ouvrages qui se trouvent tous à la bibliothèque de l'école. Enfin les croquis seront mis à l'encre à main levée et avec le plus grand soin. La mise à l'encre d'un croquis ne consiste pas à repasser les traits faits au crayon : elle exige que l'on comprenne parfaitement l'objet que l'on dessine, afin de coter exactement, d'indiquer parfaitement les parties vues et celles qui sont cachées, et de donner des proportions exactes à tous les détails. Pour ce travail, on fera bien de consulter les planches des ouvrages recommandés.

Ces cahiers forment, après les trois années d'études, une collection utile à consulter, dans les travaux que chaque élève sera appelé à diriger dans le cours de sa carrière d'ingénieur civil.

Les cahiers de notes sont souvent examinés :

— 51 —

1° Par les professeurs qui, à la fin de chaque leçon, désignent un certain nombre d'élèves dont les cahiers doivent leur être remis immédiatement;

2° Par les répétiteurs à chaque examen particulier;

3° Par les professeurs aux examens généraux de fin d'année.

Des notes de mérite sont données aux cahiers comme à tous les travaux de l'école. Ces notes entrent dans la moyenne des examens particuliers et généraux.

NOTE POUR MM. LES EXAMINATEURS.

MM. les examinateurs exigeront à chaque examen la présentation du cahier de notes sur le cours. Ce cahier sera visé par eux ; le visa indiquera la date du jour de l'examen et le nom de l'élève. Le conseil des études attache une grande importance à la tenue des cahiers de notes et aux croquis, qui en font une partie essentielle et qui remplacent des dessins autrefois exigés.

Pour établir le numéro d'examen, il sera donné un numéro au cahier de notes, et un numéro pour chaque question. La moyenne de tous ces nombres formera le numéro de l'examen. Toutefois le numéro du cahier n'entrera au plus que par un quart dans cette moyenne.

Dans la colonne d'observations, l'examinateur donnera son opinion confidentielle sur le travail et l'aptitude de l'élève, ainsi que sur la tenue de son cahier.

Les numéros de mérite ne devront pas être communiqués aux élèves. Ils seront portés plus tard à leur connaissance pour un ordre du jour.

INSTRUCTION POUR LE COURS DE CROQUIS.

Chaque élève est tenu d'avoir un album de croquis composé de feuilles de papier blanc et de papier quadrillé. Pour tous les dessins du cours de croquis on se servira du papier blanc. Le papier quadrillé sera réservé pour le travail des vacances.

Le recto de chaque feuillet est exclusivement consacré au croquis, c'est-à-dire à des dessins faits à main levée de toutes les figures dont les modèles sont exposés au cours; sur le verso et en regard de la figure on inscrira les légendes et les explications données par M. le chef des travaux graphiques.

En tête de chaque page, MM. les élèves auront soin de marquer la date et le numéro de la leçon.

Les croquis devront être faits avec soin au crayon de mine de plomb, sans règle ni compas, et en se servant de cotes quand il en est donné. Ils seront ensuite repassés à l'encre, à la main, aussitôt après le cours et dans les salles. MM. les élèves doivent sentir l'importance des croquis, seuls dessins que l'on puisse faire partout, soit dans les ateliers, soit sur les chantiers.

Les croquis sont indispensables pour habituer l'œil à estimer avec exactitude et proportion les différentes dimensions d'un objet quelconque.

Les cahiers de croquis sont examinés à la fin du cours par le chef des travaux graphiques; ils reçoivent un numéro de mérite plusieurs fois dans le courant de l'année. On doit les tenir constamment au courant.

7.

TRAVAIL DES VACANCES DE 1ʳᵉ ANNÉE.

Le travail des vacances de 1ʳᵉ année consiste en levés de bâtiments et levés de machines, et en mémoires relatifs à certains cours avec croquis et dessins à l'appui.

Ces levés faits sur place au crayon occupent plusieurs feuillets quadrillés de l'album. Les notes explicatives sont écrites sur les pages blanches. Les croquis doivent être exactement cotés dans tous leurs détails. Ils sont repassés à l'encre avec soin dans le cabinet.

Les dessins au net et lavés doivent être faits d'après ces croquis et sur feuille demi-grand aigle. On y rapportera les cotes principales.

Tout dessin au net fait pendant les vacances sera considéré comme nul s'il n'est pas accompagné de ses croquis et d'une note explicative.

On ne peut être admis en 2ᵉ année qu'après la remise complète des croquis sur album, des dessins sur les deux levés et des mémoires exigés.

MM. les élèves se conformeront en tous points aux règlements et instructions sur le mode de dessin adopté à l'école. Les dessins seront exécutés conformément aux tableaux des teintes conventionnelles.

INSTRUCTION GÉNÉRALE SUR LES TRAVAUX DES VACANCES DE 2ᵉ CLASSE.

Le travail des vacances consiste en visites d'usines ou de travaux de construction. Les dessins et documents qui en résultent se divisent en deux parties. Ceux qui seront l'œuvre propre de l'élève et qui proviendront des renseignements pris dans les usines ou ateliers de construction, formeront la première partie. La seconde se composera des dessins ou documents recueillis par l'élève, mais n'ayant exigé d'autre travail que celui d'une copie exacte ou à échelle réduite. Tout travail des vacances pourra porter sur des industries quelconques, sans acception de spécialité.

TRAVAUX DE LA PREMIÈRE PARTIE.

La première partie devra être la plus étendue et sera de beaucoup la plus importante. Elle renfermera les renseignements donnés par les chefs d'industrie ou leurs principaux agents, les observations que l'élève aura pu faire sur les opérations ou les travaux exécutés, l'analyse des projets importants en cours d'exécution ou à exécuter. Cette partie du travail sera représentée par :

1° Un album, contenant les notes et les croquis pris sur les travaux ou dans les usines et sans autre ordre que celui des faits successifs. Sur place on prendra les notes et les croquis au crayon, en ayant soin de coter ces derniers aussi bien que possible. On fera bien, tous les soirs, de les revoir, de les compléter et de les passer à l'encre.

2° Un journal-mémoire, qui sera un compte rendu *très-sommaire* des études faites et des usines visitées. Il y autant de divisions que de descriptions d'usines différentes. Les notes de l'album seront la base de sa rédaction.

3° Quelques dessins au net, destinés à développer certains croquis importants de l'album.

TRAVAUX DE LA DEUXIÈME PARTIE.

Dans ces travaux, on classera les copies plus ou moins textuelles des projets, devis, rapports, mémoires, etc. des dessins inédits, calqués, lithographiés ou imprimés. Ces documents seront considérés comme devant servir de complément à ceux de la première partie.

Quand on remettra de simples dessins sans texte, on devra y ajouter, autant que possible, des légendes ou des explications propres à démontrer qu'on a étudié avec fruit les objets que ces dessins représentent.

INDUSTRIE DES ARTS MÉCANIQUES.

INSTRUCTION SUR LA MANIÈRE DE PRENDRE DES NOTES.

1° USINES ET ATELIERS. — Les usines que visitent les élèves peuvent être de nature très-diverse; mais quelles qu'elles soient il y a certaines règles à suivre pour tirer de ces visites le meilleur parti possible.

Faire un croquis de la disposition générale de l'usine; discuter cette disposition; indiquer les moteurs, leur puissance; citer les observations dynamométriques qui auraient été faites sur ces moteurs et sur les opérateurs qu'ils mettent en mouvement; étudier les conditions d'effet utile des récepteurs, générateurs de vapeur, etc. donner les détails essentiels se rapportant, soit à la disposition des transmissions de mouvement, soit à la construction des bâtiments, hangars, etc. indiquer, autant que cela sera permis, les nombre, genre, vitesse, résistance, produit, déchets, prix d'établissement et d'entretien des divers opérateurs, le nombre et le salaire des ouvriers qu'ils exigent, de manière à former, s'il est possible, le prix de revient de chaque opération détaillée, et, par là, le prix de revient des produits livrables au commerce.

Indiquer la position des usines, la distance à laquelle elles se trouvent des villes les plus voisines; leur importance; la nature, la qualité et la quantité de leurs produits, ainsi que celle des matières premières, combustibles, etc. enfin, autant que l'on y sera autorisé, la force, le nombre d'ouvriers, la quotité des salaires afférents aux 1,000 kilogrammes de produits fabriqués. Ne pas pas oublier de mentionner, autant que possible, ce qu'il pourra y avoir d'intéressant dans les dispositions prises pour les habitations d'ouvriers, pour la salubrité et la sécurité de leur travail, etc.

Prendre un soin particulier de relever toutes les données numériques qui peuvent servir à déterminer certains coefficients, à l'égard desquels on ne posséderait encore qu'un trop petit nombre d'observations.

2° CONSTRUCTIONS. — S'il s'agit de constructions terminées, on relèvera approximativement l'ensemble et les détails de construction des édifices, le genre d'architecture choisi, les matériaux adoptés; on décrira le sous-sol et les fondations si on le peut, et on fera en sorte de recueillir les prix de base et les prix de revient du pays.

S'il s'agit de constructions en cours d'exécution (*chantiers*), les observations à faire participeront à la fois de la nature de celles que nous venons d'indiquer pour les *constructions terminées* et de la nature de celles qu'on a indiquées pour les visites d'*usines et d'ateliers*. On devra donc, autant que possible, visiter les grands travaux de ce genre, étudier alternativement leur organisation, et comparer les prix de revient résultant de cette organisation avec ceux des petits chantiers ordinaires.

TRAVAUX PUBLICS ET ARCHITECTURE.

MM. les élèves devront faire connaître, par des plans, coupes et élévations soigneusement cotés, les dispositions d'ensemble et les détails nécessaires pour donner une idée précise des travaux en cours d'exécution ou achevés, des édifices, usines, machines de toute espèce, qu'ils auront vus. Ils y joindront, autant que possible, la description des procédés suivis, soit dans les travaux, soit dans l'emploi des machines et des appareils, soit enfin les observations qu'ils auront eu l'occasion de faire sur les fondations des ouvrages et les prix de revient. Les travaux publics et l'architecture comprennent plus spécialement :

1° Routes, chemins de fer; leurs tracés, terrassements; profils en travers des déblais et remblais; pentes; exécution des travaux; murs de soutènement; sondages, souterrains, etc. Ponceaux, ponts, passerelles; viaducs en pierre, fer ou bois.

2° Rivières et canaux; distributions d'eau dans les villes; aqueducs, réservoirs, etc.

3° Roues hydrauliques, locomotives, locomobiles, et machines de toute sorte appliquées aux travaux publics ou à l'architecture.

4° Gares, stations de chemins de fer, hôpitaux, mairies, maisons d'école, fontaines, églises et autres monuments.

5° Irrigations, desséchements, cours d'eau, grands travaux agricoles.

6° Observations minéralogiques et géologiques appliquées à l'étude des matériaux. — Étude des matériaux : leur durée, résistance, aspect, taille; leurs effets dans les fondations et constructions des ouvrages. Comme complément du travail des vacances, on pourra ajouter des renseignements relatifs aux matières suivantes : Administration générale des établissements ou travaux précédents. Documents relatifs à la comptabilité. Devis, Marchés. Organisation détaillée du travail dans les ateliers. Traités qui régissent les entreprises.

MINES ET USINES MÉTALLURGIQUES. — EXPLOITATION DES MINES.

MINES. — Déterminer les espèces minérales qui sont exploitées, la forme du gîte, les roches encaissantes et les formations géologiques dont elles font partie. Indiquer par des croquis les conditions de l'allure du gîte et les accidents reconnus.

Décrire la méthode d'exploitation qui est suivie. Croquis des wagons. — Poids mort et poids utile.

Indiquer les prix de revient de l'abatage et des transports souterrains.

AÉRAGE. — Circulation de l'air dans les travaux souterrains. Ventilateurs employés. Dépression de l'air, calcul de l'effet utile.

MACHINES D'EXTRACTION. — Diamètre et course des pistons. Pression de la vapeur. Câbles, leur poids. Diamètres d'enroulement initial et final. Calcul du moment des forces au départ et à l'arrivée. Croquis des cages ou bennes. Appareils de versage, criblage, etc.

MACHINES D'ÉPUISEMENT. — Diamètre et course du piston. Croquis de la disposition générale. Régulateur. Pression de la vapeur, détente.

Diamètre et course des pompes. Croquis des pistons et des clapets. Tiges; leur poids; calcul de l'équilibre.

Consommation de charbon; eau élevée; effet utile.

CARRIÈRES. — Étudier les pierres de construction. Visiter les carrières d'où elles proviennent; reconnaître à quelles formations géologiques appartiennent les roches exploitées et les roches environnantes.

MÉTALLURGIE.

Usines. — Indiquer leur position, la distance à laquelle elles se trouvent des villes les plus voisines, leur importance, la nature, la qualité et la quantité de leurs produits, ainsi que celles des matières premières, minerais et combustibles, les lieux d'où proviennent ces matières premières, leur éloignement de l'usine, les moyens de transport employés pour les apporter.

Organisation administrative et économique de l'usine. — Comptabilité. — Prix de revient — Marchés.

Faire un croquis de la disposition générale de l'usine; indiquer les moteurs, leur puissance, le nombre et le genre des divers opérateurs ou appareils, tels, par exemple pour les usines à fer, que hauts fourneaux, feux de forge, marteaux, fours à puddler ou à réchauffer, laminoirs, etc.

Hauts fourneaux. — Indiquer leurs dimensions principales; s'ils sont adossés ou en plaine; comment on élève les charges au gueulard; la nature des matières employées à leur construction, le système d'armature, etc. Indiquer le nombre des tuyères, leur diamètre, la pression du vent, la quantité d'air lancée; la composition des charges et des coulées dans un temps donné (vingt-quatre heures), la quantité de fonte produite dans le même temps; sa nature, ainsi que celle des laitiers. Travail à l'air froid ou à l'air chaud.

Marteaux. — Croquis, leur poids, la volée, le nombre de coups par minute, nature du moteur, nombre de tours du moteur et de l'arbre à cames, diamètre primitif des bagues à cames, longueur totale du manche, longueur entre tourillons et braie.

Laminoirs. — Croquis, leur diamètre, la longueur, nombre et forme des cannelures, nombre de tours par minute, nombre de cages successives, poids et vitesse du volant, puissance du moteur, etc.

Forges. — Croquis de la disposition générale, consommation, produits et déchets, description des opérations, affinage ou puddlage, réchauffage, forgeage, etc. Fabrication de la tôle, des rails, etc. En général, les élèves doivent prendre les données numériques qui peuvent servir à déterminer certains coefficients à l'égard desquels on ne possède qu'un petit nombre d'observations.

Constructions. — Relever exactement ou approximativement l'ensemble et les détails de construction des usines. Décrire le sous-sol et les fondations, le genre d'architecture adopté, les matériaux employés. Prendre note des prix de base et des prix de revient dans le pays.

INDUSTRIES CHIMIQUES.

Usines. — Indiquer leur position, la distance à laquelle elles se trouvent des villes les plus voisines, leur importance, la nature, la qualité et quantité de leurs produits, ainsi que celles des matières premières et combustibles, les lieux d'où proviennent ces matières premières, leur éloignement de l'usine, les moyens de transport employés pour les apporter.

Organisation administrative et économique de l'usine. — Comptabilité. — Prix de revient. — Marchés.

Faire un croquis de la disposition générale de l'usine, indiquer les moteurs, leur puissance, le genre et le nombre des divers appareils, tels que, par exemple, *générateurs* de vapeur tubulaires ou autres, chaudières évaporatoires à feu nu, ou chauffées par la vapeur libre ou comprimée ou agissant sur un liquide à concentrer dans *le vide*.

Foyers. — Indiquer leurs dimensions, les dispositions pour brûler la fumée.

Machines mues par l'eau ou la vapeur. — Dessiner et décrire les *machines-outils* qu'elles font mouvoir : râpes, presses hydrauliques ou à vis ou à cylindres, pétrisseurs mécaniques, moulins à meules verticales ou horizontales, machines à fabriquer le papier, à lessiver les chiffons, à extraire, distribuer et utiliser les gaz divers pour le chauffage, l'éclairage, la saturation (par l'acide carbonique provenant des foyers ou des fours à chaux appliqué au blanchiment, à la fabrication du sucre, du carbonate de plomb, des bicarbonates, etc. etc.) ; les aspirateurs ou ventilateurs pour renouveler l'air ou ventiler les établissements publics, salles d'assemblée, de spectacle, hôpitaux, étuves et séchoirs.

Usines d'éclairage au gaz : fours, appareils à épuration, gazomètre, compteurs ; systèmes de distribution du gaz, appareils de sûreté, d'essai de la lumière.

Féculeries, amidonneries, grandes boulangeries, brasseries, sucreries, raffineries, fabriques d'acide sulfurique (par le soufre ou les pyrites), azotique, chlorhydrique ; de soude, de potasse (des mélasses et des eaux mères des salines), de soufre en canons, en poudre ou sublimé, de caoutchouc, de gutta-percha, de sulfure de carbone, de câbles électriques. Fabriques et épuration d'huile ; fabriques d'acides gras ; de bougies stéariques ; d'*huiles* des goudrons, des schistes, du bog-head ; fabriques de blanc de zinc, de blanc de céruse ; dispositions salubres. Fabriques d'allumettes ordinaires à frottement au phosphore blanc ou amorphe, sans phosphore ; précautions contre les accidents (incendies, nécroses, brûlures) ; fabriques d'aluminium, de plâtre ; charbon d'os ; bleu de Prusse ; garancine ; distilleries ; brasseries, et généralement toutes les fabriques agricoles ou de produits chimiques.

Conservation des bois injectés par infiltration, ou vide et pression.

Distillation en vases clos des bois à charbon pour préparer et épurer l'acide pyroligneux ou acétique.

Nota. Un travail des vacances ne sera considéré comme complet que *lorsqu'il contiendra au moins les trois genres d'études de la première partie*. Toutefois, dans son appréciation, on tiendra grand compte du journal-mémoire et des croquis de l'album.

PROGRAMME DES COURS.

ANNÉE 1864.

PREMIÈRE ANNÉE.

GÉOMÉTRIE DESCRIPTIVE.

Théorie. — Généralités préliminaires. — Surfaces réglées. — Surfaces développables.— Surfaces gauches. — Surfaces gauches du second degré. — Paraboloïde gauche. — Surfaces gauches à plan directeur. — Hélicoïde gauche à plan directeur. — Surfaces gauches à trois directrices. — Hélicoïde gauche.

Applications. — Charpentes. — Ombres. — Coupe des pierres. — Perspective. — Gnomique.

ANALYSE.

PREMIÈRE SECTION. — *QUESTIONS ALGÉBRIQUES*

1° Notions sur les séries convergentes. — 2° Notions sur les différences finies.

II° SECTION. — *ÉLÉMENTS DU CALCUL DIFFÉRENTIEL.*

1° Problème des tangentes. — 2° Différentiation des fonctions fondamentales. — 3° Théorèmes et règles pour différentier toutes les fonctions à l'aide des différentielles fondamentales. — 4° Applications. — 5° Des dérivées et différentielles des divers ordres des fonctions d'une variable. — 6° Applications du calcul différentiel aux lignes et aux surfaces courbes.

III° SECTION. — *ÉLÉMENTS DE CALCUL INTÉGRAL.*

1° Notions fondamentales. — 2° Théorèmes principaux pour l'intégration des fonctions différentielles d'une seule variable. — 3° Applications du calcul intégral à la géométrie. — 4° Intégration des équations différentielles. — 5° Calcul des intégrales définies par approximation.

MÉCANIQUE GÉNÉRALE.

PREMIÈRE SECTION. — *RAPPEL DE NOTIONS ÉTABLIES DANS LE COURS DE CINÉMATIQUE.*

Du mouvement d'un point géométrique.

1° De l'expression du mouvement d'un point. — 2° Du mouvement uniforme d'un point. — 3° Du mouvement d'un point sur une ligne donnée. — 4° Détermination graphique de la vitesse. — 5° De la vitesse d'un point dont le mouvement est exprimé en coordonnées parallèles à trois axes. — 6° Du mouvement d'un point relativement à un système de comparaison invariable en mouvement.

Divers mouvements d'un corps solide.

II° SECTION. — *DYNAMIQUE D'UN POINT MATÉRIEL. — DU MOUVEMENT RECTILIGNE D'UN POINT MATÉRIEL.*

1° Notion de la force. — Principe de l'inertie de la matière. — Principe de la réaction égale et contraire à l'action. — 2° Du mouvement rectiligne uniformément varié produit par une force constante.—3° Proportionnalité de l'accélération à la force pour un même corps. — 4° De la masse. — 5° De la pesanteur. — 6°. Emploi des formules générales du mouvement varié rectiligne.

De la composition des forces appliquées à un même point.

1° Parallélogramme et polygone des forces. — 2° Relations entre les composantes, la résultante et les angles qu'elles font. — 3° Propriétés des mouvements des forces et de leur résultante.

Du mouvement curviligne d'un point matériel.

1° Mouvement parabolique. — 2° Mouvement curviligne. — 3° Des effets de l'impulsion et du travail des forces. — 4° Mouvement d'un point sur une courbe donnée.

Applications, problèmes et exercices à répartir en temps opportun pendant la durée de la 2° section du cours.

Questions sur le mouvement rectiligne. — Questions sur le mouvement curviligne.

III° SECTION. — *DYNAMIQUE DES SYSTÈMES MATÉRIELS.*

Dynamique des systèmes matériels quelconques.

1° Notions sur la constitution des corps. — 2° Théorème des projections sur un axe des quantités de mouvement et des impulsions des forces extérieures. — 4° Théorème du mouvement du centre de gravité.—4° Théorème des moments, autour d'un axe quelconque, des quantités de mouvement et des impulsions des forces extérieures. — 5° Théorème général du travail.

Dynamique spéciale des corps solides.

1° Proposition fondamentale. — 2° Réduction d'un groupe quelconque de forces à deux équivalentes dont une passe par un point donné. — 3° Des deux mouvements variés les plus simples d'un corps solide. — 4° Calcul des moments d'inertie.

Statique ou condition de l'équilibre d'un système matériel.

1° Des six conditions d'équilibre indépendantes des forces intérieures. — 2° Méthode du travail virtuel.

IV° SECTION. — *HYDROSTATIQUE.*

1° Pression en un point d'un fluide. — 2° Équilibre des liquides superposés. — 3° Pression totale sur une paroi plane. — 4° Pression sur une surface courbe. — 5° Équilibre des corps plongés. — 6° Équilibre des corps flottants.

V° SECTION. — *NOTIONS SUR LA RÉSISTANCE DES MATÉRIAUX.*

1° Double objet de la théorie de la résistance des matériaux. — 2° Torsion d'un prisme. — 3° Flexion plane d'une pièce sensiblement prismatique. — 4° Formules des moments d'inertie des diverses surfaces planes. — 5° Application à quelques cas peu compliqués.

PHYSIQUE GÉNÉRALE.

Chaleur. — De la dilatation. — Dilatation des solides. — Dilatation des liquides. — Dilatation des gaz. — Application des dilatations. — Capacités calorifiques. — Chaleur spécifique des corps solides. — Chaleur spécifique des liquides. — Chaleur spécifique des gaz. — Chaleur spécifique des gaz à volume constant. — Changement d'état des corps solides. — Changement d'état des liquides. — Manomètres. — Production des vapeurs dans un espace limité occupé par un gaz. — Dissolution des gaz. — Densité des gaz et des vapeurs. — Chaleur latente de vaporisation. — Hygrométrie. — Sources de chaleur. — Sources de froid. — Propagation de la chaleur. — Conductibilité. — Mouvements produits par la chaleur dans les liquides et dans les gaz. — Magnétisme.

Électricité. — Électricité statique. — Électricité dynamique. — Électricité produite par les actions chimiques. — Électricité développée par la chaleur. — Intensité des courants. — Action mutuelle des courants. — Action mutuelle des aimants et des courants. — Action de la terre sur les courants. — Induction. — Appareils d'induction. — Magnétisme de rotation. — Vitesse de propagation de l'électricité. — Actions moléculaires. — Acoustique. — Lumière. — Réflexion de la lumière. — Réfraction. — Dispersion. — Indices de réfraction (des solides et des liquides). — Instruments d'optique. — Double réfraction. — Système des ondulations. — Diffraction. — Polarisation de la lumière (et de la chaleur).

CHIMIE GÉNÉRALE.

PREMIÈRE PARTIE. — *MÉTALLOÏDES.*

Généralités sur les corps simples. — Oxygène. — Hydrogène. — Azote. — Phosphore. — Arsenic. — Antimoine. — Soufre. — Sélénium. — Tellure. — Chlore. — Brome. — Iode. — Fluor. — Bore. — Silicium. — Carbone.

II° PARTIE. — *MÉTAUX.*

Classification des métaux. — Oxydes métalliques. — Sulfures métalliques. — Chlorures métalliques. — Iodures, bromures, fluorures et cyanures métalliques ; azotures, phosphures, arséniures métalliques. — Potassium. — Sodium. — Baryum. — Strontium. — Calcium. — Magnésium. — Aluminium. — Manganèse. — Fer. — Chrome. — Cobalt. — Nickel. — Zinc. — Étain. — Plomb. — Cuivre. — Mercure. — Argent. — Or. — Platine.

III° PARTIE. — *CHIMIE ORGANIQUE.*

Généralités sur les matières organiques. — Action de certains corps simples et composés sur les matières organiques. — Principes immédiats des végétaux. — Fermentation alcoolique. — Action des acides sur l'alcool. — Esprit-de-bois ou alcool méthylique et éthers qui en dérivent. — Alcoolide. — Acides organiques dérivés des alcools de la forme. — Acides volatils dérivés des alcools de la forme. — Acides organiques dérivés des alcools. — Acides dérivés de la forme. — Généralités sur les glycols ou alcools diatomiques. — Acides se rattachant au glycol. — Acides fixes se dédoublant en acides pyrogénés. — Généralités sur les corps gras neutres. — Alcalis organiques naturels. — Production artificielle d'alcalis organiques. — Généralités sur les urées. — Généralités sur les huiles essentielles. — Carbure d'hydrogène. — Radicaux alcooliques.

Radicaux organiques.

Généralités sur les matières animales.

Principes immédiats de la bile.

CINÉMATIQUE.

PREMIÈRE SECTION. — *NOTIONS GÉNÉRALES.*

Du mouvement d'un point géométrique.

1° De l'expression du mouvement d'un point. — 2° Du mouvement uniforme d'un point. — 3° Du mouvement varié d'un point sur une ligne donnée. — 4° Détermination graphique de la vitesse. — 5° De la vitesse d'un point dont le mouvement est exprimé en coordonnées parallèles à trois axes. — 6° De la vitesse d'un point dont le mouvement est exprimé en coordonnées polaires. — 7° Du mouvement d'un point relativement à un système de comparaison invariable en mouvement.

Des divers mouvements d'un corps solide ou d'un système invariable.

1° Généralités sur ce sujet. — 2° Classification des mouvements continus d'un système invariable. — Relations des vitesses entre elles dans chaque cas. — 3° Composition des mouvements et spécialement composition des vitesses d'un système invariable. — 4° Mouvement relatif, glissement et roulement de deux corps solides.

Des mouvements simultanés de plusieurs corps solides entre eux dans les machines.

1° Liaison de deux corps solides en contact et assujettis à tourner autour de deux axes fixes parallèles. — 2° Liaison de deux corps solides en contact et assujettis à tourner autour des deux axes fixes concourants; généralités sur ce sujet. — 3° Liaison de deux corps solides en contact et assujettis à tourner autour de deux axes non concourants. — 4° Étude complémentaire sur la liaison de deux corps solides dont les rotations autour de deux axes fixes sont en rapport variable. — Cas particulier d'une rotation et d'une translation variée. — 5° Liaison de deux corps solides tournant par l'intermédiaire d'un troisième corps solide ou flexible.

II° SECTION. — *APPLICATION AUX MACHINES.*

Généralités sur les machines considérées comme appareils de communication et de transformation de mouvements.

1° Classification des machines élémentaires. — Moyens d'assurer la direction du mouvement circulaire ou rectiligne de certaines pièces de machines.

Mécanismes des communications et transformations de mouvement.

1° 1re — classe. — 1er genre. — 2e genre. — 3e genre. — 4e genre. — 5e genre.

2° 2e — classe. — 1er genre. — 2e genre.

3° 3e — classe.

4° 4e — classe. — 1er genre. — 2e genre.

5° 5e — classe. — 1er genre. — 2e genre.

Des organes servant à établir, interrompre ou modifier brusquement les liaisons de mouvement dans les machines.

1° Moyens d'établir ou de faire cesser à volonté une liaison de mouvement.

2° Moyens de modifier une liaison de mouvement.

CONSTRUCTIONS ET ÉTABLISSEMENT DES MACHINES.

PREMIÈRE PARTIE.

MATÉRIAUX EMPLOYÉS DANS LES MACHINES ET CONSTRUCTIONS DES PIÈCES DÉTACHÉES.

PREMIÈRE SECTION. — *MATÉRIAUX.*

I. — Bois.

Structure des bois. — Des différentes espèces de bois, de leurs propriétés principales et de leur emploi. — Bois indigènes. — 1re classe. : bois durs. — 2e classe. : bois blancs. — 3e classe : Bois fins. — 4e classe : bois résineux. — Bois exotiques. — Indices de la bonne qualité des bois. — Principaux défauts des bois. — Bois du commerce. — Débitage, dessiccation, ployage et conservation des bois. — Propriétés physiques du bois au point de vue de l'usage qu'on en fait dans l'industrie, des formes à lui donner et des assemblages.

Assemblages.

Assemblage à tenon et mortaise. — Pièces à angles droits. — Pièces obliques. — Assemblage. — Assemblage d'angles. — Assemblage d'onglets. — Assemblage des planches. — Entures. — Entures verticales. — Assemblage de planches et de madriers. — Assemblage à moises. — Application des ferrures à la charpente.

II. — Métaux.

Fer. — Distinction du commerce. — Défauts apparents du fer. — Essais pour reconnaître et apprécier la qualité des fers. — Essais à chaud. — Essais des tôles. — Épreuves de pièces finies. — Effets de la chaleur sur le fer. — Soudure. — Soudure de deux pièces dans le prolongement l'une de l'autre. — Cas de pièces d'une faible section. — Cas de pièces d'une section considérable. — Soudures spéciales. — Soudure de deux pièces formant un certain angle. — Généralités sur les formes à donner aux pièces en fer forgé. — Fonte. — Défauts de la fonte. — Acier. — Cémentation. — Cuivre. — Étain. — Plomb. — Zinc. — Alliages.

des habitations. — Atmosphère confinée. — Asphyxies. — Blessures. — Empoisonne-
ments.

IIe PARTIE. — *HISTOIRE NATURELLE.*

Mortalité.

MÉCANIQUE APPLIQUÉE.

MÉCANIQUE DES SOLIDES (ANNÉE A).

PREMIÈRE SECTION. — *RÉSISTANCE DES MATÉRIAUX.*

1° Généralisation des questions concernant les prismes chargés transversalement. —
2° Détermination des dimensions du profil en travers d'une pièce à raison des forces qu'elle
subit. — 3° Solides d'égale résistance. — 4° Prisme chargé parallèlement à sa fibre
moyenne. — 5° Poutres armées. — 6° Flexion plane d'une pièce courbe. — 7° Résistance
des vases cylindriques pressés uniformément.

IIe SECTION. — *COMPLÉMENT DE LA DYNAMIQUE DES SYSTÈMES MATÉRIELS SOLIDES OU FLEXIBLES.*

Complément de la statique.

Emploi de la méthode du travail virtuel dans les questions d'équilibre des systèmes à
liaisons.

Du frottement des corps solides, de la résistance à leur roulement et de la roideur des cordes.

1° Du frottement de simple glissement. — 2° De la résistance au roulement. — 3° Du
frottement mixte. — 4° Roideur et frottement des cordes et courroies.

Emploi de la statique dans les questions de mouvement.

APPLICATIONS.

Applications de la statique.

1° Équilibre des systèmes funiculaires. — 2° Systèmes polygonaux de corps solides unis par
des articulations simples. — 3° Systèmes articulés à liaison complète. — 4° Théorie de la
stabilité des voûtes.

Applications de la dynamique spéciale des solides.

1° Pression qu'un corps tournant exerce sur ses appuis. — 2° Pendule composé. — 3° Balance de torsion. — 4° Pendules balistiques. — 5° Régulateur à force centrifuge. — 6° Treuil
horizontal. — 7° Actions mutuelles des corps tournants. — 8° Des volants considérés comme
régulateurs de la vitesse. — 9° Généralités sur la théorie de la stabilité des machines locomotives en mouvement.

Applications relatives au frottement et au choc.

1° Mouvement rectiligne. — 2° Mouvement de rotation. — 3° Frottement des engrenages·

— 4° Poulies et moufles. — 5° Transmission de mouvement par cordes ou courroies sans fin. — 6° Poussée des terres. — 7° Des pilons et marteaux mus par des cames. — Frein de Prony.

HYDRAULIQUE OU MÉCANIQUE DES FLUIDES. (ANNÉE B).

PREMIÈRE SECTION. — *RÉCAPITULATION DES NOTIONS LES PLUS IMPORTANTES DE LA MÉCANIQUE GÉNÉRALE ENSEIGNÉE EN PREMIÈRE ANNÉE.*

II° SECTION. — *COMPLÉMENT DE LA DYNAMIQUE EN CE QUI CONCERNE LES FORCES APPARENTES DANS LES MOUVEMENTS RELATIFS.*

1° Mouvement relatif d'un point matériel. — 2° Extension de la dynamique des systèmes matériels au cas de mouvements relatifs.

III° SECTION. — *HYDRAULIQUE GÉNÉRALE THÉORIQUE ET EXPÉRIMENTALE.*

1° Généralités sur le mouvement permanent d'un liquide dans le cas où les frottements peuvent être négligés. — 2° Applications. — 3° Mouvement permanent d'un liquide dans un tuyau eu égard au frottement. — 4° Mouvement uniforme permanent de l'eau dans les canaux découverts. — 5° Théorie du mouvement permanent varié de l'eau dans les canaux découverts. — 6° Notions succinctes sur les effets des changements brusques de section dans les canaux découverts. — 7° De la pression réciproque de l'eau et des corps solides pendant leur mouvement permanent relatif. — 8° De quelques cas de mouvement non permanent des liquides. — 9° Notions sur le mouvement des gaz.

IV° SECTION. — *DES MACHINES HYDRAULIQUES.*

1° Considérations générales sur les machines. — 2° Des récepteurs hydrauliques. — 3° Théorie de la roue en dessous à palettes planes. — Roues de côté. — Indication succincte des dispositions diverses pour obvier à l'engorgement de la roue de côté, quand le niveau d'aval s'élève au-dessous du point normal. — Roue de M. Mary. — Roue à augets. — Roue à aubes courbes. — Roues pendantes à palettes planes. — Roues à palettes planes des bateaux à vapeur. — Turbine d'Euler. — Turbine Fourneyron. — Roue dite à réaction. — Roue centrifuge élévatoire. — 3° Notions générales sur les pompes à mouvement alternatif. — Des pompes à air.

CONFÉRENCES SUR LE CALCUL DES PIÈCES DE CONSTRUCTIONS ET DES ORGANES DE MACHINES.

Généralités. — Étude spéciale de la résistance à la traction. — Torsion. — Compression. — Flexion transversale. — Détails sur la construction des ponts métalliques de divers systèmes. — Résumé.

Construction et établissement des machines.

DEUXIÈME PARTIE professée, chaque année, à la deuxième année seule. Moyens d'exécution employés dans le travail des métaux et des bois.

Considérations générales sur l'utilité des machines-outils. Nécessité de la division du travail.

I. — TRAVAIL DES MÉTAUX À CHAUD.

Travail du fer. — Exemples de quelques pièces en fer forgé. — Chaudronnerie en fer. — Cisailles droites. — Cisailles circulaires. — Machine réunissant, sur le même bâti, cisaille et poinçonneuse. — Chariots diviseurs. — Cintrage. — Emboutissage. — Rivure à la main. — Rivure mécanique. — Chaudronnerie en cuivre.

II. — TRAVAIL DES MÉTAUX À FROID.

Ajustage à la main ou ajustage proprement dit. — Outils de travail. — Perçage. — Machines à percer à bras. — Machines à percer mécaniquement. — Machines à percer fixes. — Serrage de l'outil. — Plateaux servant à fixer les pièces. — Machines à percer radicales. — Alésage. — Machines à aléser horizontalement. — Machines à aléser verticalement. — Tournage. — Tours à pointes simples et tours à pointes et engrenages. — Poupée fixe. — Poupée mobile. — Outils et supports. — Tours à plateaux ou tours en l'air. — Tours parallèles et à chariots. — Tours spéciaux. — Taraudage et filtage. — Taraudage. — Taraudage à la main. — Tarauds. — Filières. — Taraudage mécanique. — Filtage. — Filtage sur tour à la main. — Tours à filter mécaniquement. — Rabotage. — Machines à outils fixes. — Machines à outils mobiles. — Étaux limeurs. — Machines à raboter verticalement. — Machines à mortaiser à outils tournants. — Machines à fraiser. — Machines à tailler les écrous. — Machines à tailler les engrenages. — Meulage et polissage. — Montage.

III. — TRAVAIL DES BOIS.

Outils à tracer. — Outils tranchants par percussion. — Outils tranchants pour le corroyage des bois. — Outils à percer. — Outils à scier. — Sciage mécanique. — Scierie droite à mouvements rectilignes alternatifs. — Scierie à mouvement continu. — Scies locomobiles. — Perçage, — Tournage. — Rabotage. — Mortaisage. — Machines à faire les tenons.

IV. — ORGANISATION D'UN ATELIER DE CONSTRUCTION DES MACHINES.

Données pratiques.

CONSTRUCTION ET ÉTABLISSEMENT DES MACHINES.

III° PARTIE. — (ANNÉE A.)

Moulins à vent. — Récepteurs hydrauliques. — Modérateurs du mouvement. — Des régulateurs de mouvement. — Considérations générales. — Travail des moteurs animés. — De l'établissement et de la construction de diverses machines propres à soulever les fardeaux et mues à bras d'homme. — Crics. — Cabestans. — Chèvres. — Grues. — Presses mues par moteurs animés ou inanimés. — Machines à concasser, à broyer et pulvériser. — Ventilateur. — Autres machines à grande vitesse.

MACHINERIE AGRICOLE.

PREMIÈRE PARTIE. — *MATÉRIEL DE CULTURE PROPREMENT DIT.*

1° Charrues. — 2° Instruments employés pour les quasi-labours. — Cultivateurs. — Herses.

— Rouleaux ou brise-mottes. — 3° Semoirs. — 4° Travaux dans les récoltes. — 5° Moissonneuses et faucheuses mécaniques. — 6° Faneuses. — Râteaux.

II° PARTIE. — *MATÉRIEL DE LA FERME PROPREMENT DIT.*

1° Battage de grains. — 2° De la conservation des grains. — 3° De la mouture du blé à la ferme. — 4° Des machines employées pour la préparation de la nourriture des animaux. — 5° Pressoirs.

(ANNÉE B.)

Récepteurs hydrauliques. — 1er cas. — 2° cas. — 3° cas. — Établissement des roues en dessus, sans têtes d'eau et avec têtes d'eau. — Établissement des roues à aubes établies dans un coursier circulaire et recevant l'eau en dessous du centre.—Roues à aubes courbes (Poncelet) turbinées. — Machines à colonnes d'eau. — Bélier hydraulique.

Construction et établissement des machines à élever l'eau.

Pompes à piston et à mouvement alternatif. — Élévation des cours d'eau par machines autres que les pompes. — Presses hydrauliques.

CHIMIE ANALYTIQUE.

PREMIÈRE PARTIE. — (ANNÉE A.)

Généralités sur la chimie analytique. — Analyse des gaz. — Un corps étant donné, le reconnaître, le doser. — Chalumeau. — Analyse spectrale. — Art de l'essayeur.

II° PARTIE. — (ANNÉE B.)

Préparation et emploi des réactifs. — Un sel étant donné, reconnaître sa nature. —Analyse de matières calcaires. — Docimasie. — Essais et analyse des minerais. — Composition et analyse des alliages.—Essais alcalimétriques. —Essais chlorométriques. — Essais et analyse des eaux. — Essais et analyse des terres et des engrais.—Substances organiques. — Reconnaître les principaux acides organiques.

CHIMIE INDUSTRIELLE ET AGRICOLE THÉORIQUE, EXPÉRIMENTALE ET PRATIQUE.

CHIMIE MINÉRALE. (ANNÉE A.)

Acide sulfurique de Nordhausen. — Préparation du chlore et des hypochlorites décolorants et désinfectants. — Fabrication de la céruse et du blanc de zinc. — Saponifications sulfurique, calcaire, alcaline. — Distillation du bog-head. — Fabrication des bougies stéariques, des bougies de parafine. — Traitement du pétrole de Pensylvanie, etc. — Rectification des hydrocarbures volatils. — Fabrication du gaz éclairant.

CHIMIE ORGANIQUE. (ANNÉE B.)

Composition générale et développement des végétaux. — Tissus imperméables. — Tissus inflammables.—Industrie de la conservation et teinture des bois. — Extraction de la fécule. — Conservation des blés. — Betteraves. — Alcools des vins. — Extraction des matières grasses, animales végétales. — Fabrication de la gélatine. — Fabrication du charbon animal et revification.

MÉTALLURGIE.
PREMIÈRE PARTIE. (ANNÉE B.)

Notions générales de métallurgie. — Examens et carbonisation des combustibles. — Soufflerie. — Fabrication de la fonte. — Fonderie.

IIe PARTIE. (ANNÉE A.)

Fabrication du fer. — Acier. — Cuivre. — Plomb. — Argent. — Zinc. — Étain. — Antimoine. — Bismuth. — Mercure. — Or.

MINÉRALOGIE ET GÉOLOGIE.
(ANNÉE A.)

Forme et dimension du globe terrestre. — Atmosphère. — Mer. — Relief. — Eau courante. — Action volcanique.

Minéralogie.

Caractères des minéraux. — Cristallographie. — Description des substances minérales. — Silicates alumineux. — Silicates à bases de chaux. — Magnésie et oxyde de fer. — Roches.

Géologie.

Terrains sédimentaires. — Stratification concordante et discordante. — Terrains de transition. — Formation houillère. — Terrains secondaires. — Terrains des grès rouges. — Terrain jurassique. — Terrain crétacé. — Terrains tertiaires. — *Résumé de paléontologie.* — Céphalopodes. — Gastéropodes. — Acéphales. — Zoophytes. — Terrains éruptifs. — Terrains porphyriques. — Terrain granitique. — Gîtes métallifères réguliers ou irréguliers. — Résumé. — Influence de la composition minéralogique du sol sur l'agriculture.

EXPLOITATION DES MINES.
(ANNÉE B.)

Carrières minières et mines. — Outillage. — Sondages à petits et à grands diamètres. — Exécution des travaux souterrains et constructions. — Exécution des galeries d'écoulement et des tunnels. — Exécution des tunnels dans les terrains ébouleux. — Fonçage des puits. — Fonçage des avaleresses. — Construction des cuvelages en bois. — Cuvelages en fonte. — Niveaux dans les sables. — Construction des serrements. — Méthode d'exploitation. — Méthode appliquée à l'exploitation de la houille. — Exploitation des couches puissantes. — Exploitation du sel gemme. — Aérage. — Foyers d'aérage. — Aérage mécanique. — Section et disposition des voies d'aérage. — Éclairage des mines. — Roulage souterrain. — Acrochage. — Extraction des cuffats et des cages. — Fabrication des câbles ronds ou plats. — Appareils d'extraction. — Épuisement des eaux. — Machines d'épuisement. — Service du

9.

jour. — Préparation mécanique des minerais. — Classification et lavage. — Lavage de la houille. — Fabrication des briquettes ou agglomérés de houille. — Levé des plans de mines.

CONSTRUCTIONS CIVILES.

(Année B.)

PREMIÈRE PARTIE. — *AGRICULTURE.* — *ARCHITECTURE.*

Halles. — Magasins à blé, moulins. — Entrepôts de vins, de douanes. — Forges et ateliers, abattoirs. — Hôpitaux. — Prisons. — Bains publics. — Filatures de lin. — Forges de Decazeville. — Salles de spectacle. — Édifices particuliers. — Églises.

II° PARTIE. — *CONSTRUCTION DES ÉDIFICES.*

Connaissance des matériaux. — Matières propres à relier les matériaux employés dans les constructions. — Pans de bois. — Planchers. — Emploi du plâtre et du blanc en bourre. — Combles. — Couverture des édifices. — Emploi du fer forgé et de la fonte dans les bâtiments. — Menuiserie. — Échafauds. — Étayements.

III° PARTIE. — *DISTRIBUTION DE L'EAU DANS LES VILLES.*

Sources naturelles. — Sources artificielles. — Élévation des eaux de source ou de rivière, quand leur niveau n'atteint pas celui des points à desservir. — Volume d'eau nécessaire pour alimenter une distribution. — Réservoirs d'approvisionnements. — Filtrage des eaux. — Détermination du tracé et des diamètres de conduites. — Exécution des conduites. — Pose des tuyaux. — Robinets d'arrêt. — Robinets de décharge. — Ventouses. — Écoulement de l'eau fournie par un réseau de conduites. — Égouts.

IV° PARTIE. — *DISTRIBUTION DU GAZ D'ÉCLAIRAGE.*

V° PARTIE. — *JARDINS PUBLICS ET PARTICULIERS : PLANTATIONS.*

TRAVAUX PUBLICS. (Année A.)

PREMIÈRE SECTION. — *ROUTES.*

Considérations générales sur les routes. — Détails sur la formation d'un projet de route. — Évaluation des distances de transport. — Construction des chaussées.

II° SECTION. — *CONSTRUCTION DES PONTS.*

Ponceaux. — Ponts en pierre. — Murs de soutènement. — Fondations des ponts, murs des quais, etc. — Construction des voûtes. — Ponts en charpente. — Ponts en métal. — Ponts suspendus. — Ponts mobiles. — Dessèchement. — Drainage. — Irrigations.

III° SECTION. — *NAVIGATION.*

CONSIDÉRATIONS GÉNÉRALES. — NAVIGATION FLUVIALE. — NAVIGATION ARTIFICIELLE. — NAVIGATION MARITIME.

PREMIÈRE PARTIE. — *NAVIGATION FLUVIALE.*

État naturel des rivières. — Amélioration de rivières navigables. — Amélioration au moyen de barrages. — Barrages mobiles. — Barrages mixtes. — Navigation.

II° PARTIE. — *NAVIGATION ARTIFICIELLE.*

Canaux latéraux.

III° PARTIE. — *NAVIGATION MARITIME.*

Considérations générales sur la navigation maritime. — Ports dans les mers à marées.

IV° PARTIE. — *DÉTAILS D'EXÉCUTION.*

Terrassements. — Fondations. — Charpente et serrurerie.

PHYSIQUE APPLIQUÉE ET MACHINES A VAPEUR.

PREMIÈRE PARTIE.

De la combustion. — Puissance calorifique. — Chaleur rayonnante des combustibles. — Étude des combustibles employés en industrie et dans l'économie domestique. — Quantité d'air nécessaire à la combustion. — Produits de la combustion. — Calcul des températures *maxima.* — Appareils de combustion et de chauffage. — Cheminées. — Chaudières à vapeur. — Résistance des chaudières.

II° PARTIE. — (ANNÉE B.)

Mouvement du gaz et de la vapeur d'eau. — Complément de l'étude des moyens employés pour faire affluer l'air de combustion dans les foyers. — Complément de l'étude des foyers. — Foyers et fourneaux à tuyères. — Transformation des combustibles en gaz pour les brûler à l'état de gaz. — Complément de l'étude des chaudières à vapeur. — Transport de la chaleur à distance du foyer. — Transmission de la chaleur par l'intermédiaire d'un corps solide. — Chauffage des corps solides. — Utilisation des chaleurs perdues des fours et fourneaux. — Production des hautes températures. — Chauffage de l'air et des autres gaz. — Chauffage des liquides. — Évaporation. — Concentration. — Séchage. — Distillation. — Conservation de la chaleur. — Du refroidissement. — Production du froid. — Ventilation et chauffage.

III° PARTIE. — *MACHINES A VAPEUR.*

(ANNÉE A.)

Application de la chaleur à la production d'effets dynamiques : travail résultant de la combustion et rendu ou transmis par le refroidissement des produits de la combustion. — Exposé de la théorie mécanique de la chaleur. — Machines à vapeur. — Machine dans laquelle la vapeur agit par sa pression sur un piston. — Différentes causes de pertes de chaleur ou de vapeur. — Disposition des machines. — Théorie et description des diverses parties des machines. — Appareils de distribution de la vapeur. — Appareils de condensation. — Étude spéciale de chaque système de machines. — Machines dans lesquelles la vapeur agit par sa puissance vive. — Appareils et machines à feu servant à élever l'eau et à alimenter les chaudières. — Appareils et machines à feu servant à comprimer, dilater ou mettre les gaz en mouvement. — Essais tendant à économiser le combustible brûlé par les machines à vapeur. — Machines caloriques. — Application des machines à l'industrie. — Machines transportables. — Navigation par la vapeur.

CHEMINS DE FER.

Coup d'œil sur l'histoire des chemins de fer. — Notions générales sur les chemins de fer à bandes (railways) et plus particulièrement sur les chemins de fer. — Travaux de terrassement sur les chemins de fer. — Modes divers de conservation des talus ébouleux. — Coup d'œil général sur les ouvrages d'art. — Modes de construction de la chaussée. — Différentes espèces de rails. — Cahiers des charges. — Pose de la voie. — Réception. — Description des différents systèmes de changements de voie. — Croisements des voies de différentes espèces, coupement et contre-rails. — Plaques tournantes. — Chariots de service. — Grues diverses. — Signaux fixes. — Passages à niveau. — Disposition des gares. — Stations intermédiaires. — Ateliers. — Architecture des gares. — Matériel roulant. — Boîtes à graisse et à huile. — Différentes espèces de caisses. — Éléments de la résistance. — Des moteurs. — Locomotives. — Histoire des locomotives. — Calcul de la puissance des locomotives. — Prix de revient des chemins de fer. — Tracé. — Nouveaux systèmes.

CHIMIE APPLIQUÉE (ANNÉE A).

Verrerie. — Généralités sur les verres.

(ANNÉE A.)

Céramique. — Poteries. — Faïences. — Grès. — Porcelaines dures et tendres. — Fabrication. — Procédés de façonnage. — Des glaçures. — Des combustibles. — Fours. — De l'encastage et de l'enfournement. — Classification raisonnée des poteries. — Étude spéciale de chacune de ces catégories. — Décoration des poteries. — Application et préparation des éléments de décoration.

(ANNÉE B.)

Teinture. — Blanchiment. — Teinture. — Impression. — Apprêts. — Coton. — Lin. — Chanvre. — Laine. — Soie. — Détermination de la nature des tissus. — Blanchiment. — Vérification de l'état des tissus après le blanchiment. — Buanderies. — Teinture. — Des mordants. — Des matières colorantes. — Des substances tinctoriales. — But du teinturier en présence des matières tinctoriales. — Classification. — Des procédés de la teinture. — Impression des tissus.

LÉGISLATION INDUSTRIELLE.

PREMIÈRE PARTIE. — *NOTIONS GÉNÉRALES.* (ANNÉE A.)

DES INDUSTRIELS.

Des établissements industriels.

1° Ateliers dangereux, insalubres et incommodes.
2° Usines hydrauliques.
3° Usines minéralurgiques.
4° Des machines à vapeur. — Des usines à gaz. ﹨
5° Usines situées dans la zone frontière militaire, ou dans le voisinage des forêts. —
Usines à feu.

De la propriété industrielle.

Première section. — Des brevets d'invention.
Deuxième section. — Modèles et dessins de fabrique.
Troisième section. — Des marques de fabrique.

Des sociétés.

1° De la société en nom collectif.
2° De la société en commandite.
3° De la société anonyme.
4° De l'association en participation.
5° Société à responsabilité limitée.

De la lettre de change.

II° PARTIE. — (ANNÉE B.)

De la justice industrielle.
De la faillite.

Législation des travaux publics.

Des autorités administratives.
De l'instruction administrative des projets de travaux publics. — Des mesures financières.
— De la comptabilité générale, départementale, communale.
Des modes d'exécution des travaux publics.
Des travaux publics dans leurs rapports avec la propriété privée :

1° De l'expropriation pour cause d'utilité publique.
2° Servitudes d'utilité publique.
3° De torts et dommages causés à la propriété privée par l'exécution des travaux publics.

PROGRAMME

DES DIVERS TRAVAUX EXIGÉS DES ÉLÈVES.

MANIPULATIONS. — DESSINS. — PROJETS. — EXAMENS.

PREMIÈRE ANNÉE.
MANIPULATIONS DIVERSES.

Manipulations de chimie générale. — Les manipulations de chimie générale sont toujours précédées d'une explication donnée à l'amphithéâtre :

16 manipulations se rapportent à la chimie minérale ;
4 manipulations se rapportent à la chimie organique.

CHIMIE MINÉRALE.

1. Oxygène par le bioxyde de manganèse. — Hydrogène.
2. Oxygène par le chlorate de potasse. — Décomposition de l'eau par le fer. — Recherche des sels et des gaz en dissolution dans l'eau.
3. Azote. — Protoxyde d'azote. — Bioxyde d'azote. — Acide hypoazotique.
4. Acide azotique. — Ammoniaque en dissolution. — Analyse de l'air par le phosphore.
5. Décomposition de l'ammoniaque par la chaleur. — Cristallisation du soufre. — Soufre mou. — Moulage. — Acide sulfureux par le charbon.
6. Cristaux des chambres de plomb. — Acide sulfurique de Nordhausen. — Acide sulfhydrique.
7. Acide phosphorique anhydre. — Hydrogène phosphoré inflammable. — Iode. — Iodure d'amidon.
8. Chlore en dissolution. — Acide chlorhydrique. — Acide fluorydrique.
9. Appareil de Marsh. — Oxyde de carbone (par l'acide oxalique). — Acide carbonique. — Décoloration par le charbon.
10. Décomposition de l'acide carbonique par le charbon. — Hydrogène bicarboné. — Acide borique.
11. Hydrogène protocarboné. — Sulfure de carbonne. — Sulfure de fer.
12. Réduction des oxydes de fer et de cuivre par l'hydrogène. — Réduction de l'oxyde de zinc par le charbon. — Carbonate de potasse (salins).

13. Pyrophore de Gay-Lussac. — Potasse caustique. — Alumine anhydre. — Chaux caustique.

14. Baryte caustique. — Chlorure de strontium. — Coloration du borax par les oxydes métalliques.

15. Bisulfure d'étain (or mussif). — Sesquioxyde de chrome par le bichromate de potasse et le soufre. — Manganate et hypermanganate de potasse.

16. Oxydule de cuivre. — Alliage de Darcet. — Protochlorure d'étain. — Azotate d'argent.

CHIMIE ORGANIQUE.

1. Fécule de pommes de terre. — Coton-poudre. — Sucre de raisin. — Chloroforme.

2. Fermentation alcoolique. — Éther iodhydrique. — Éther analytique.

3. Éther acétique. — Distillation du bois. — Cyanate de potasse.

4. Oxalate de méthylène. — Acétone. — Sulfocyanure de potassium.

Manipulations de physique générale. — Ces manipulations sont également précédées d'instructions spéciales. Elles comprennent des exercices pratiques sur :

La recherche des densités ;

La télégraphie électrique ;

La photométrie ;

La spectroscopie ;

La photographie.

Levés. — A la fin de l'année on exerce les élèves à faire des levés de machines, de bâtiments et de terrain. A la suite de ces différentes opérations, chaque élève doit remettre un dessin représentant le travail effectué.

TRAVAUX GRAPHIQUES.

Les travaux graphiques comprennent trois genres :

Le dessin industriel ;

Le dessin architectural ;

Les épures.

Dessin industriel. — Les travaux de dessin industriel sont précédés de conférences faites à l'amphithéâtre et continués dans les salles. Le dessin industriel comporte vingt-deux conférences. Les élèves ont à exécuter des croquis cotés d'après de grands modèles. A la fin de l'année, ils ont a remettre quelques feuilles de dessin au net.

PROGRAMME DES CONFÉRENCES FAITES SUR LE DESSIN INDUSTRIEL , ET EXEMPLES DE DESSINS EMPRUNTÉS AU COURS DE CONSTRUCTION DE MACHINES.

1re — Utilité des croquis. Conditions d'exécution, procédés divers relatifs aux lignes droites, aux lignes courbes, aux ombres, aux hachures, et pour déterminer les proportions à reproduire.

2e. — Boulons, écrous, rondelles.

3e. — Arbre en fonte plein, à nervure.

4e. — Tête de bielle en fer.

Notice sur l'École centrale.　　　　　　　　　　10

5°. — Volant en fonte.

6°. — Roue d'engrenage.

7°. — Palier.

8°. — Support ou palier élevé.

9°. — Chaise ou palier suspendu.

10°. — Crapaudine élevée.

11°. — Piston à clapet.

12°. — Robinet.

13°. — Soupape de sûreté.

14°. — Boîte à étoupe.

15°. — Frein.

16°. — Lampes à modérateur.

17°. — Balance bascule portative.

18°. — *Levé d'une machine.* — En quoi consiste le travail d'un levé de machine. — Reconnaissance de la machine. — Premier croquis à faire. — Croquis de détails. — Disposition de chaque dessin. — Ce qu'on appelle *cotes.* — Machine, son importance. — Ordre suivant lequel ont doit procéder. — Résultat de cet ordre. — Soins à apporter en mesurant. — Écriture des cotes, leur disposition sur le dessin. — Sens suivant lequel elles doivent être écrites. — Cotes exprimées en millimètres. — Titres et moyens de repère. — Légendes et notes. — Résultat et avantage du système.

19°. — *Levée d'ensemble d'usine.* — Visite préliminaire de l'usine. — Marche à suivre pour les croquis. — Mode de mesurer et de coter les plans. — Mesurage des élévations. — Difficultés qui peuvent se rencontrer. — Machines en mouvement. — Surfaces inclinées. — Surfaces courbes. — Courbes d'excentriques et dents d'engrenage. — Circonférences à grands diamètres. — Points inaccessibles. — Mémoire complémentaire. Levés à vue.

20°. — Teintes conventionnelles. (Deux feuilles.)

21°. — Dessin lavé de machines.

22°. — Levé de machines.

Dessin architectural.. — Les études sur le dessin architectural et les notions d'architecture comportent dix conférences à l'amphithéâtre, développées et complétées dans les salles pendant toute l'année. Elles ont aussi leurs croquis et douze feuilles de dessin au net, au trait ou lavées. Le dernier travail de la division consiste dans une composition élémentaire d'architecture, imaginée et dessinée par les élèves, non plus d'après un modèle, mais seulement d'après un programme.

PROGRAMME DES CONFÉRENCES FAITES À L'AMPHITHÉÂTRE SUR L'ARCHITECTURE.

1re. — Notions générales sur l'architecture. — Du plan, de la coupe et de l'élévation. — Méthode à suivre pour établir correctement les dessins d'architecture.

2°. — Explications sur les moulures (filet, quart de rond, cavet, talon, doucine, congé, scotie), leur tracé géométrique et à main levée; explication sur la méthode à suivre pour les grouper.

3°. — Points d'appui. — Murs en moellons, pierres de taille, briques, pans de bois, piliers, poteaux, contre-forts, colonnes, colonnes engagées, pilastres, cariatides, piédestaux. — Bases, fûts, chapiteaux, architraves, frises, corniches, socles, dés.

4°. — Ordres toscan, dorique, ionique, corinthien et composite. — Considérations générales sur les ordres d'architecture, études sur leurs proportions.

5°. — Planchers, voûtes, plafonds, plates-bandes, linteaux, arcades, consoles, modillons, frontons.

6°. — Symétrie, avant-corps, archivoltes, trumeaux, chambranles, crossettes, tableaux, feuillures, ébrasements, soupiraux.

7°. — Détails des frontons, soubassements, refends, niches, cheminées (à capucine, à modillons, à consoles, à griffes), porches, leurs dispositions.

8°. — Étages supérieurs : attiques, mansardes, balustrades, chénaux simples et ornés, gouttières. — Vestibules, escaliers. — Plintes, stylobathes; cymaises; parquets (à l'anglaise, à point de Hongrie, à bâton rompu). — Carrelages (terres cuites, pierres, marbres, mosaïques).

9°. — Étude des projets, marche à suivre pour satisfaire aux conditions d'un programme.

10°. — Exemple : Examen d'un programme donné. — Marche à suivre pour le mettre en projet.

11°. — *Instruction sur le levé du bâtiment.* — Méthodes à suivre pour établir les croquis, la mise au net et les mémoires, pour lever le plan des caves, le plan des étages, le plan des combles, les façades et les coupes.

DESSINS EXÉCUTÉS DANS LES SALLES PAR LES ÉLÈVES.

Dessins d'architecture au trait.

1. Plan et élévation d'un édifice.
2. Moulures.
3. Points d'appui.
4. Cinq ordres.
5. Arcades et frontons.
6. Soubassements, attiques, frontons.
7. Balustrades, attiques, etc.

Lavis noir.

8. Porte du palais Massimi.
9. Murs avec contre-forts.

Lavis en couleur.

10. Poissonnerie d'Angers.
11. Gare.
12. Composition architecturale.

Dessins divers.

13. Teintes conventionnelles (une feuille).

Levés.

14. Levé de bâtiment.
15. Levé de terrain. — Nivellement.

10.

Épures. — Les dessins d'épures comprennent :

EXEMPLE D'UNE SÉRIE D'ÉPURES DE GÉOMÉTRIE DESCRIPTIVE.

ÉPURES THÉORIQUES.

1. Hélicoïde développable.
2. Développement d'un cône oblique à base elliptique.
3. Plan tangent au tore, passant par une droite donnée.
4. Développement d'un cylindre oblique.
5. Sections planes de l'hélicoïde gauche à plan directeur.
6. Vis à filet carré, vis à filet triangulaire.
7. Intersection d'un conoïde et d'un cylindre de révolution.
8. Plan tangent d'un cylindroïde.
9. Intersection d'un tore et d'un conoïde.

ÉPURES D'APPLICATION.

Perspective.

10: Perspective d'un bâtiment.
11. Perspective d'une voûte d'arêtes barlongue.
12. Perspective d'un piédouche.

Ombres.

13, 14, 15. Études diverses sur les ombres.
16. Ombre d'un prisme hexagonal sur un cylindre droit ayant même axe : ombres portées sur les plans de projection.
17. Ombre d'un treuil.
18. Ombre d'un chapiteau toscan.

Coupe des pierres.

19. Porte biaise et en talus, rachetant un berceau cylindrique.
20. Porte biaise en tour ronde, rachetant une voûte sphérique.
21. Arrière-voussure de Marseille.
22. Voûte ellipsoïde de révolution.
23. Voûte d'arêtes et voûte en arc de cloître barlongues.
24. Voûte d'arête en tour ronde.
25. Escalier à jour avec balancement des marches.
26. Escalier à noyau plein.
27. Trompe sur le coin.
28. Pont biais. — Appareil hélicoïdal.

Gnomonique.

29. Cadran horizontal. — Cadran vertical déclinant.

Charpente.

30. Coupe droite.
31. Étude d'un comble. — Empanon déversé.
32. Escalier en bois. — Courbe rampante. — Débillardement de l'échiffre.

PROBLÈMES.

Pendant la durée du calcul infinitésimal, de mécanique générale, de physique générale, les élèves ont à résoudre des problèmes relatifs aux principales questions traitées dans ces cours.

EXAMENS.

Dans le courant de l'année, chaque élève passe un examen par semaine environ. En voici la répartition par cours :

Géométrie descriptive.....	5	examens dans l'année ;
Calcul infinitésimal........	3	*Idem.*
Mécanique générale.......	3	*Idem.*
Physique générale.......	5	*Idem.*
Chimie générale.........	6	*Idem.* (dont un sur les travaux du laboratoire).
Cinématique.............	1	*Idem.*
Construction des machines.	1	*Idem.*

Indépendamment de ces examens particuliers, à la fin des cours, les professeurs eux-mêmes font passer un examen général, à chaque élève, sur la totalité de leurs leçons.

TRAVAUX DES VACANCES.

Pendant les vacances qui suivent la *première année scolaire*, les élèves doivent faire des levés de bâtiment et,des levés de machines. Les mémoires, les croquis et les dessins au net sont remis à la rentrée en *deuxième année*.

DEUXIÈME ANNÉE.

MANIPULATIONS DIVERSES EXÉCUTÉES PAR TOUS LES ÉLÈVES DE LA DIVISION.

Les manipulations de deuxième année comprennent des exercices qui s'appliquent, les uns à la généralité des élèves, les autres à chaque spécialité.

Manipulations de physique industrielle. — Les exercices généraux auxquels prend part toute la division se composent de :

1° Une étude pratique sur l'écoulement des gaz à l'aide d'un anémomètre et d'un ventilateur. On remet un mémoire sur ce travail.

2° D'après un dessin et avec des briques d'échantillon, on construit les appareils suivants :

1. Cheminée d'appartement.
2. Cheminée d'appartement avec l'appareil à chauffer l'air.
3. Socle de cheminée d'usine.
4. Cheminée d'usine.
5. Four à boulanger.
6. Four à chaux.
7. Calorifère.
8. Bouillotte à vapeur.
9. Chaudière à vapeur.

Levés de terrain. — Jaugeage d'un cours d'eau. — Tous les élèves de la division ont aussi à exécuter une étude topographique qui complète celle de leur première année. Ils donnent un dessin à l'appui, soit pour le levé de plan, soit pour le nivellement. Ils exécutent également le jaugeage d'un grand cours d'eau, en employant trois méthodes : 1° celle des flotteurs ; 2° avec le tube de Pitot, perfectionné par M. Darcy ; 3° avec le moulinet de Woltmann. Un mémoire est remis sur les détails de toutes ces opérations.

MANIPULATIONS DE SPÉCIALITÉS.

Mécaniciens. — Les mécaniciens se rendent dans les ateliers d'un chemin de fer où diverses opérations sont exécutées sous leurs yeux. La première séance est employée à la confection des mastics, des joints, des garnitures de piston, etc. la seconde aux soudures et brasures ; la troisième aux divers travaux de la forge ; la quatrième au montage et démontage des machines. En outre, les élèves mécaniciens assistent à des travaux de moulage et terminent ces exercices par une visite générale dans les ateliers de construction des machines.

Constructeurs. — Les élèves constructeurs ont à reproduire une épure de coupe de pierres avec des voussoirs en plâtre qu'ils taillent, eux-mêmes d'après l'épure reportée sur mur.

Métallurgistes et chimistes. — Les élèves de ces deux spécialités opèrent une analyse chimique en quatre séances.

TRAVAUX GRAPHIQUES.

Voici un exemple de la succession des travaux graphiques exécutés par les élèves de deuxième année.

ANNÉE A.

1. Étude de topographie.
2. Étude de cinématique. — Tracé des dents d'engrenage.
3. Calcul d'une poutre droite en fer, double T.
4. Élément d'un projet de route.
5. Étude de résistance des matériaux appliquée aux machines.
6. Étude d'un comble à trois bielles.
7. Projet de chaudière à vapeur.
8. Projet d'un ponceau avec murs en aile. — Courbe des pressions.
9. Études d'un distributeur de vapeur dans une machine à vapeur.
10. Projet d'un modérateur de vitesse.

11. Projet d'un pont suspendu.

12. Projet donné par le professeur de spécialité. .

Année B. .

1. Étude de topographie.

2. Étude de cinématique. Tracé des dents d'engrenage.

3. Halle (étude architecturale). — Calcul d'un comble.

4. Calcul d'une poutre droite en fer, double T.

5. Étude de résistance des matériaux appliquée aux machines.

6. Projet de chaudière à vapeur.

7. Projet d'une pompe.

8. Projet d'une maison d'un directeur d'usine. Calcul des planchers et de la charpente.

9. Projet d'une roue hydraulique.

10. Distribution d'eau dans une ville.

11. Projet donné par le professeur de spécialité.

EXAMENS.

Indépendamment des examens généraux de fin d'année, les examens particuliers, dans le courant des études, sont distribués comme ci-après :

Mécanique appliquée........................	4 examens particuliers.	
Construction des machines....................	4 »	»
Chimie analytique...........................	2 »	»
Chimie industrielle..........................	2 »	»
Métallurgie................................	2 »	»
Géologie ou exploitation des mines.............	2 »	»
Architecture ou travaux publics................	4 »	»
Physique industrielle ou machines à vapeur........	3 »	»

TRAVAUX DES VACANCES.

Pendant les vacances qui suivent la *deuxième année scolaire*, les élèves doivent visiter les usines. A la rentrée en *troisième année*, ils ont à remettre :

1° Un journal-mémoire ou compte rendu très-sommaire des études faites et des usines visitées ;

2° Un album contenant les notes et les croquis faits sur place ;

3° Des dessins au net détaillant les objets remarquables contenus dans l'album.

TROISIÈME ANNÉE.

MANIPULATIONS DE CHIMIE.

En troisième année il n'y a que des manipulations de chimie dont le but et l'importance se rattachent à la spécialité des élèves.

Exemple d'une série de manipulations de chimie.

SPÉCIALITÉS.	NOMBRE DE SÉANCES consacrées au travail.	OPÉRATIONS A FAIRE.
MÉCANICIENS.... 1	4 séances.	Analyse d'un alliage binaire.
CONSTRUCTEURS . 1	4 séances.	Analyse des calcaires, chaux et ciments.
MÉTALLURGISTES. 1	1 séance.	Analyse d'un minerai de fer (procédé Margueritte).
2	1	Analyse d'un minerai de manganèse.
3	1	Recherche d'un acide et d'une base dans un sel soluble.
4	1	Recherche de deux bases ou de deux acides dans un sel soluble.
5	1	Examen d'un corps insoluble.
6	1	Examen d'un corps insoluble.
7	4	Analyse de calcaires, chaux et ciments.
8	3	Analyse qualitative d'un mélange de corps insolubles dans l'eau.
9	4	Dosage et séparation de divers métaux.
Manipulation de concours. { 10	{ 3 / 4 } 7	{ Analyse qualitative d'un corps donné. / Analyse quantitative d'un corps donné.
11	2	Essais par la voie sèche. — Minerais de plomb et de cuivre.
TOTAL....	26 séances.	
CHIMISTES... 1 à 8	13 séances.	Les huit premières analyses des métallurgistes avec le même nombre de séances.
9	3	Dosage et séparation de divers métaux.
10	1	Dosage d'azote (procédé de M. Peligot).
11	3	Analyse qualitative d'un mélange de corps insolubles dans l'eau.
Manipulation de concours. { 12	{ 3 / 4 } 7	{ Analyse qualitative d'un corps donné. / Analyse quantitative d'un corps donné.
13	2	Essais par la voie sèche. — Essais de fer et de coupellation.
TOTAL....	29 séances.	

PROJETS.

Les projets se divisent en deux séries. Dans la première on classe les questions les plus essentielles de tous les cours; elle se compose de quatre différentes études exigées de tous les élèves de la division. La seconde série appartient entièrement à la spécialité. Les mécaniciens et constructeurs ont à faire quatre projets de cette série; les chimistes et métallurgistes, à cause du temps absorbé par les manipulations de chimie, n'en ont que trois.

Tous les projets sont précédés et suivis de conférences explicatives faites par le professeur compétent.

Exemples de projets faits par les élèves.

(ANNÉE A.)

SPÉCIALITÉS.	PROJETS DE SPÉCIALITÉ.	PROJETS DIVERS.
MÉCANICIENS......	1° Presse hydraulique. 2° Moulin à blé. 3° Machine à vapeur. 4° Usine pour location de force motrice.	1° Route. 2° Chauffage d'un réservoir d'eau dans une gare. 3° Calcul d'une poutre courbe en fonte. 4° Ponceau avec courbe des pressions.
CONSTRUCTEURS....	1° Église de village. 2° Étude de tracé de route. 3° Gare intermédiaire de première classe. 4° Pont biais.	1° Chauffage d'un réservoir d'eau dans une gare. 2° Turbine. 3° Calcul d'une poutre courbe en fonte. 4° Halle. Calcul de comble.
MÉTALLURGISTES...	1° Hauts fourneaux. 2° Machine d'épuisement pour une mine. 3° Forge anglaise.	1° Route. 2° { Séchage. { Torréfaction des bois. 3° Ponceau avec courbe des pressions. 4° Calcul d'une poutre courbe.
CHIMISTES......	1° Fabrication de sucre de betteraves. 2° Distillerie agricole. 3° Raffinerie de soufre.	1° Route. 2° { Séchage. { Dessiccation des bois. 3° Ponceau avec courbe des pressions. 4° Calcul d'une poutre courbe.

Exemples de projets faits par les élèves.

(Année B.)

SPÉCIALITÉS.	PROJETS DE SPÉCIALITÉ.	PROJETS DIVERS.
Mécaniciens......	1° Grue. 2° Scierie. 3° Canal de dérivation et vannage. 4° Roue hydraulique pour soufflerie.	1° Outils-moteurs à vapeur. 2° Maison d'habitation. 3° Calcul d'une pièce courbe en fonte. 4° { Four à chaux. Chauffage d'un réservoir dans une gare. Chauffage d'air par calorifère.
Constructeurs....	1° Route. 2° Église de village. 3° { Mairie avec Tribunal et École. Marché. 4° Gare intermédiaire pour le service de trains mixtes.	1° Outils-moteurs à vapeur. 2° Maison d'un directeur d'usine. 3° Calcul d'une pièce courbe en fonte. 4° { Four à chaux. Chauffage d'un réservoir dans une gare. Chauffage d'air par calorifère.
Métallurgistes...	1° Forge anglaise. 2° Ventilateur de mine. 3° Hauts fourneaux.	1° Outils-moteurs à vapeur. 2° Maison d'habitation. 3° Calcul d'une pièce courbe en fonte. 4° { Four à chaux. Chauffage d'air par calorifère.
Chimistes	1° Fabrique d'acide sulfurique, sulfate de soude, chlorure, etc. 2° Fabrique d'acides gras pour saponification calcaire. 3° Conservation des bois.	1° Outils-moteurs à vapeur. 2° Maison d'habitation. 3° Calcul d'une pièce courbe en fonte. 4° { Four à chaux. Chauffage d'air par calorifère.

EXEMPLES DE PROJETS FAITS PAR LES ÉLÈVES.

Année A.

Projet de concours. — Les élèves de troisième année, après avoir satisfait à toutes les exigences du programme de leur division, sont admis à faire un grand projet de concours. Ce travail consiste en une étude complète de toutes les questions qui se rattachent à un projet donné et appartenant à leur spécialité. Il comprend de nombreux dessins et plusieurs mémoires suivant les données du programme. Les dessins et les mémoires sont livrés à l'appréciation des professeurs compétents. La discussion a lieu en présence du public et sous la direction d'un jury composé de tous ces professeurs.

EXAMENS.

Comme en première et deuxième année, les élèves de troisième année ont des examens particuliers et des examens généraux. Les examens particuliers sont distribués de la manière suivante :

Mécanique appliquée	3 examens particuliers.	
Construction des machines	2 " "	
Chimie analytique	2 " "	
Chimie industrielle	2 " "	
Métallurgie	2 " "	
Géologie ou exploitation des mines	2 " "	
Architecture ou travaux publics	3 " "	
Chemins de fer	2 " "	
Machines à vapeur ou physique industrielle	2 " "	

Les examens généraux ont lieu à la fin des cours et sur les programmes de toutes les leçons faites dans l'année.

IMPRIMERIE IMPÉRIALE. — Février 1865.

9 782013 481175